人力资源管理发展与实践应用研究

刘永祥　王晶　于洪伟　著

延边大学出版社

图书在版编目（CIP）数据

人力资源管理发展与实践应用研究 / 刘永祥，王晶，
于洪伟著. -- 延吉：延边大学出版社，2022.10
　　ISBN 978-7-230-04094-5

　　Ⅰ.①人… Ⅱ.①刘… ②王… ③于… Ⅲ.①人力资
源管理－研究 Ⅳ.①F243

中国版本图书馆 CIP 数据核字(2022)第 200376 号

人力资源管理发展与实践应用研究

著　　者：刘永祥　王　晶　于洪伟
责任编辑：孟凡现
封面设计：金世达
出版发行：延边大学出版社
社　　址：吉林省延吉市公园路 977 号　　　邮　　编：133002
网　　址：http://www.ydcbs.com　　　E-mail：ydcbs@ydcbs.com
电　　话：0433-2732435　　　传　　真：0433-2732434
印　　刷：天津市天玺印务有限公司
开　　本：787×1092　1/16
印　　张：10
字　　数：200 千字
版　　次：2022 年 10 月 第 1 版
印　　次：2024 年 3 月 第 2 次印刷
书　　号：ISBN 978-7-230-04094-5

定价：58.00 元

前　　言

随着经济全球化的发展，组织间的竞争变得越来越激烈，外部环境条件和技术的变化更是日新月异。一个组织拥有什么样的人力资源，在一定程度上决定了它在激烈的市场竞争中处于何种地位——是立于不败之地，还是最终被淘汰。由此看来，人力资源已经成为一个决定组织竞争成败的关键因素，因此人力资源管理在组织管理中被置于核心地位。

从广义上看，人力资源泛指在一个国家或地区中，处于劳动年龄、未到劳动年龄和超过劳动年龄但具有劳动能力的人口之和。从狭义上看，人力资源指在一定时期内组织中的人所拥有的能够被企业所用，且对价值创造起贡献作用的教育、能力、技能、经验、体力等的总称。而人力资源管理是指为了达到组织的总体目标，运用现代科学的技术方法，通过对组织的人和事的管理，协调好人与事的关系，处理好人与人之间的矛盾，充分发挥人的潜能，对人力资源进行获取、开发、整合和调控的过程。

本书共有八个章节，主要包括：人力资源管理概述、人力资源规划、人力资源招聘、员工的培训与开发、绩效管理、薪酬管理、劳动关系管理、跨文化人力资源管理等内容。

在编写本书的过程中，笔者搜集、查阅和整理了大量文献资料，在此对学界前辈、同人和所有为此书编写工作提供帮助的人员致以衷心的感谢。由于编者能力有限，编写时间较为仓促，书中难免有错漏之处，还请广大读者谅解。

笔者

2022 年 8 月

目　　录

第一章 人力资源管理概述

第一节 人力资源的概念及特点

一、人力资源的概念

"资源"是一国或一定地区拥有的物力、财力、人力等各种物质要素的总称，分为自然资源和社会资源两大类。自然资源是人们赖以生存的基础，如空气、水、森林、矿藏等。社会资源包括人力资源、信息资源，以及经过劳动创造的各种物质财富。

资源是人类赖以生存的物质基础，从不同的角度有不同的解释。比如从经济学的角度来看，资源是指能给人们带来新的使用价值和价值的客观存在物，大致可分为两类：一类是来自自然界的物质，可称为自然资源，如森林、矿藏、河流、草地等；另一类是来自人类自身的知识和体力，可称为人力资源。

要了解人力资源管理，首先要了解人力资源（Human Resources, HR）。有些人认为，人口资源就是人力资源，从而得出我国是一个人力资源大国的结论。其实，人口资源不全是人力资源，人力资源也不等于人口资源，二者有着严格的区别。人口资源是指一个国家或地区的人口总体，是进行社会生产不可或缺的基本条件。在社会经济发展的过程中，人口资源同自然资源一样需要合理开发和利用。社会生产和实践表明，具有一定数量和质量的人口资源是构成一个国家综合国力的重要因素。人口资源与自然资源不同：自然资源的数量与质量是天然形成的，且相对比较稳定；而人口资源的数量、质量、结构及动态特征不仅受生理、自然环境等因素的影响，还受人类社会所特有的政治、经济、文化等因素的影响。

从广义上看，人力资源泛指在一个国家或地区中，处于劳动年龄、未到劳动年龄和超过劳动年龄但具有劳动能力的人口之和。从狭义上看，人力资源也指在一定时期内组织中的人所拥有的能够被企业所用，且对价值创造起贡献作用的教育、能力、技能、经验、体力等的总称。

人力资源强调人力作为生产要素在生产过程中的生产、创造能力，强调人具有劳动的能力。在数量上，人力资源表现为某一特征范围内的人口；在质量上，人力资源表现为某一范围内人口所具有的现实和潜在的体力、智力、知识、技能等。可以说，人口资源是人力资源的自然基础，人力资源则更强调人口资源的内在质量，是数量和质量的统一。没有人口资源就没有所谓的人力资源，人口资源如果不经过开发和管理就没有高质量的人力资源。因此，考察一个国家或地区人力资源的丰富程度，不但要注重人力资源的数量，更要注重人力资源的质量。

二、人力资源的特点

（一）社会性

自然资源具有完全的自然属性，不会因为所处的时代、社会不同而有所变化。比如，古代的黄金和现代的黄金是一样的，中国的黄金和南非的黄金也没有本质的区别。人力资源则不同，人所具有的体力和脑力明显受到时代和社会因素的影响，具有社会属性。

（二）时效性

人力资源的时效性是指人力资源要在一定的时间段内开发，超过这一时期，可能会荒废。人具有生产劳动的能力，但是随着年龄的增长和环境的变化，这种能力会随之发生变化。人的生命是有限的，劳动技能会发生衰退，智力、知识和思维也会发生转变，所以人力资源具有时效性。

（三）增值性

与自然资源相比，人力资源具有明显的增值性。一般来说，自然资源是不会增值的，只会因为不断地消耗而逐渐贬值。人力资源则不同，人力资源是人所具有的脑力和体力，对单个人来说，他的体力不会因为使用而消失，反而有可能因为使用而增强，当然这种增强是有一定限度的；他的知识、经验和技能也不会因为使用而消失，相反会因为不断地使用而更有价值。也就是说，在一定的范围内，人力资源是不断增值的。

（四）主观能动性

主观能动性是指人力资源体力和智力的融合不仅具有主动性，而且具有不断拓展的潜力。主观能动性表明人具有意识，知道活动的目的，可以有效地对自身活动作出选择，也表明人在各种活动中处于主体地位，可以支配其他资源。此外，人力资源的主观能动性还表明它具有自我开发性。在生产过程中，人一方面要发生自身损耗，另一方面则通过自身的合理行为，使自身的损耗得到弥补或使自身得到更新和发展，其他资源则没有这种特性。

（五）两重性

人力资源既是投资的结果，又能创造财富，具有既是生产者又是消费者的两重性。人力资源投资的程度决定了人力资源的质量。研究表明，对人力资源的投资无论是对社会还是对个人，所带来的收益要远远大于对其他资源的投资所产生的收益。

第二节 人力资源管理

一、人力资源管理的概念

"人力资源"这一名词最早出现在康芒斯（John Rogers Commons）在 1919 年出版的著作《产业信誉》中，但康芒斯并未对人力资源的概念进行界定。20 世纪 50 年代，管理大师德鲁克（Peter Ferdinand Drucker）在《管理的实践》一书中首次界定了人力资源的概念。他认为，在企业中，人力资源是企业所有资源中最重要、最不可替代、最有发展潜力、最丰富的资源，并指出传统的人事管理正在成为过去，一场新的以人力资源开发为主调的人事革命正在到来。

在我国，最早使用"人力资源"一词的是毛泽东。1955 年，毛泽东在总结农村合作社经验时指出："中国的妇女是一种伟大的人力资源，必须发掘这种资源，为了建设一个伟大的社会主义国家而奋斗。"

随着社会的发展，人们对人力资源的研究越来越多，专家学者从不同角度给人力资源下了定义，总体而言，这些定义有两个要点：一是人力资源最本质的要素是劳动能力，包括体力劳动和脑力劳动；二是这种劳动能力能够用来创造财富，能够用来组织生产与生活。

既然人力资源作为一种资源起着创造社会财富的作用，那么人力资源就需要科学的管理与规划。"人力资源管理"最早出现在巴克（Edward Wight Bakke）于 1958 年所著的《人力资源功能》一书中。他在书中详细阐述了有关管理人力资源的问题，把管理人力资源作为管理的普通职能来加以讨论。国内外不同流派对人力资源管理这一概念的描述有所不同，如：人力资源管理是有效利用人力资源实现组织目标的过程；人力资源管理是指影响雇员的行为、态度以及绩效的各种政策、管理实践及制度。

笔者认为，人力资源管理是指为了达到组织的总体目标，运用现代科学的技术方法，通过对组织的人和事的管理，协调好人与事的关系，处理好人与人之间的矛盾，充分发挥人的潜能，对人力资源进行获取、开发、整合和调控的过程。人力资源管理包括人力资源规划、人员招聘与培训、薪酬体系的制定及绩效考核等方面。

二、人力资源管理的功能

尽管人力资源管理的功能和职能在形式上可能有些相似，但两者在本质上是不同的。人力资源管理的功能指人力资源管理自身应该具备或者发挥的作用，而人力资源管理的职能则是指人力资源管理者所要承担的一系列责任。人力资源管理的功能是通过它的职能来实现的。确切地说，人力资源管理的功能是指人力资源管理自身所具备或应该具备的作用。

人力资源管理的功能主要体现在四个方面：吸纳、维持、开发、激励。吸纳功能指吸引并让优秀的人才加入本企业；维持功能指让已经加入的员工继续留在本企业；开发功能指让员工保持能够满足当前及未来工作需要的技能；激励功能则指让员工在现有工作岗位上创造出良好的绩效。

就这四项功能之间的相互关系而言：吸纳功能是基础，它为其他功能的实现提供了条件，不将人员吸引到企业中来，其他功能就失去了发挥作用的对象；激励功能是核心，是其他功能发挥作用的最终目的，如果不能激励员工创出良好的绩效，其他功能的实现就失去了意义；开发功能是手段，只有让员工掌握了相应的工作技能，激励功能的实现才会具备客观条件，否则就会导致员工心有余而力不足；维持功能是保障，只有将吸纳的人员保留在企业中，开发和激励功能才会有稳定的对象，其作用才可能持久。

在企业的实践过程中，人力资源管理的这四项功能通常被概括为"选、育、用、留"四个字。"选"相当于吸纳功能，要为企业挑选出合格的人力资源；"育"相当于开发功能，要不断地培育员工，使其工作能力不断提高；"用"相当于激励功能，要最大限度地使用已有的人力资源，为企业的价值创造作出贡献；"留"相当于维持功能，要采用各种办法将优秀的人力资源保留在企业中。

三、人力资源管理的目标

人力资源管理目标是指企业人力资源管理需要完成的职责和需要达到的绩效。人力资源管理既要考虑组织目标的实现，又要考虑员工个人的发展，强调在实现组织目标的同时，实现个人的全面发展。人力资源管理目标包括全体管理人员在人力资源管理方面的目标任务与专门的人力资源部门的目标任务。具体来说，表现在以下几个方面。

（一）获取并保持适合组织发展的人力资源

人才是企业最重要的资源。在日益激烈的商业竞争中，拥有比对手更优秀、更忠诚、更有主动性与创造力的人才，是形成企业竞争优势的重要因素。人力资源管理工作的首要目标就是为组织获取符合其发展需要的劳动力和各种专业技术人员，这是开展其他工作的基础。

（二）保持人力资源队伍的稳定性

近些年来，企业的人才流失率节节攀升。人才的流失不但会影响企业的正常运转，还会增加企业开支，降低员工的工作效率。保持人力资源队伍的稳定性最主要的是提高员工的工资和福利，为其提供安全、舒适的工作环境和良好的发展空间，同时要加强对员工的关怀。

（三）提高组织效率或经营绩效

组织效率或经营绩效与员工有着直接的联系。加强人力资源管理的目标就是通过提升员工技能、规范员工行为、鼓励创新等方式提高员工的绩效，从而提高组织效率或经营绩效。

（四）塑造良好的企业形象

企业形象是企业精神文化的一种外在表现形式，是社会公众在与企业接触交往过程中所感受到的总体印象，而这种印象是通过人体的感官传递获得的。

（五）培育和创造优秀的组织文化

组织文化由其价值观、信念、仪式、标识、行为准则等组成。企业员工受组织文化的影响，同时也能反作用于组织文化。例如，高层管理人员的综合素质、行为举止要与组织文化相对一致，这样才能使组织文化得以传播、发展；否则，组织文化会在高层管理人员的影响下慢慢发生变化，并演变成新的组织文化类型。只有全体员工认可了组织文化本身的精髓，组织文化才能发展；否则，组织文化可能发生变化——要么员工改变了文化，要么组织文化导致企业人员流失、运营艰难，甚至倒闭等。因此，优秀的组织文化对组织产生的是正面影响，而不合理的组织文化对组织产生的是负面影响。

四、人力资源管理的原则

人力资源管理的最终目的是做到人尽其才，才尽其用，人事相宜，最大限度地发挥人力资源的作用，以配合实现组织的总目标。想要对企业人力资源进行合理配置，就应遵循以下原则。

（一）能级对应原则

企业岗位有层次和种类之分，处于不同的能级水平。每个人也都具有不同水平的能力，在纵向上处于不同的能级位置。合理的人力资源配置应使人力资源的整体功能加强，这就要求人的能力与岗位要求相对应。

（二）权变原则

人的发展受先天条件的影响，更受后天实践的制约。后天形成的能力不仅与本人的努力程度有关，也与其参与实践的环境有关，人的感情、行为、素质也是多变的。因此，人的能力的发展是不平衡的，其个性也是多样的。每个人都有自己的长处和短处，有其总体的能级水准，同时也有自己的专业特长。

（三）动态调整原则

动态调整原则是指当人员或岗位要求发生变化的时候，要适时地对人员配备进行调整，以保证合适的人在合适的岗位上工作。

第三节　人力资源管理的发展

自 19 世纪至今，人力资源管理的发展经历了三个主要阶段。

一、劳动管理阶段

劳动管理阶段始于 20 世纪初期。虽然欧文（Robert Owen）在 19 世纪就提出了人本管理的概念，但并没有形成理论体系，因此这个时期主要还是以泰勒（Frederick Winslow Taylor）的科学管理理论为主，该理论的主要观点是：人的价值和机器的价值是没有区别的，所有的管理方法论都在于工具标准化、动作标准化。这个时期有以下几个特征：经济形势大好，产品供不应求；社会两极分化逐步严重；人工成本低，就业率低。泰勒的科学管理理论在当时特有的社会背景下，得到迅速推广，使得社会生产效率大大提高。

哪里有压迫哪里就有反抗。长期枯燥、沉重的工作使工人感到生活和工作条件的艰难，劳资关系日渐紧张，甚至出现了工人破坏机器的行为。为了缓解这种矛盾，某些公司开始成立福利人事部，由公司提供资源来改善员工的生活和工作环境。欧文曾经对管理人员说过："你们很多人都从长期的生产过程中体验到了机器的好处，如果说你们对没有生命的机器细心照顾尚能产生有利的效果，那么如果你们以同样的精力去关心一下有生命的'机器'，那么还会有什么事情是办不成的呢？"福利人事部的尝试让社会开始对"应该如何对待工人"这个问题进行研究。

这一人力资源管理阶段重要的代表人物是雨果·闵斯特伯格（Hugo Münsterberg），他在其著作《心理学与工业生产效率》中提出，把注意力放在如何选择合适的工人来适应工作，并设想通过特殊设计的心理测试了解一个人的性格能力特征，在此基础上评价这个人是否与岗位匹配。他的逻辑是与其费劲去管理一个不合适的人，不如从开始就挑选合适的人从事这份工作。

1910 年普利茅斯出版社成立人事部，并聘请专业人士担任负责人，该部门的职责就是通过工作分析来为各个岗位挑选合适的人。从此，人事管理作为一个独立的部门正式进入企业管理的活动范畴。

二、人际关系与组织行为科学阶段

古典管理理论的杰出代表泰勒（Frederick Winslow Taylor）、法约尔（Henri Fayol）等人在不同的方面对管理思想和管理理论的发展作出了卓越的贡献，并且对管理实践产生了深刻的影响。值得注意的是，他们有一个共同的特点，就是都强调管理的科学性、合理性、纪律性，但没有足够重视管理中人的因素和作用。他们的理论是基于这样一种假设：社会是由一群无组织的个人所组成的，这些个人在思想上、行动上力争获得个人利益，追求最大限度的经济收入，这些个人即为经济人。

20 世纪中期，艾尔顿·梅奥（George Elton Mayo）在霍桑工厂进行了著名的霍桑实验，从而得出了四个结论：一是职工是社会人；二是企业中存在着非正式组织；三是新型的领导能力在于提高职工的满足度；四是存在着霍桑效应。由此，管理理论开始走向行为管理（现代管理）理论阶段。

这个时期的特征是：市场经济进入竞争模式；工人失业率低；人工成本高；市场进入买方市场，消费者开始购买自己喜欢的商品；工人开始寻求尊重。在这一时期，随着梅奥的人际关系管理理论的普及，各种管理理论开始发展：有麦格雷戈（Douglas Murray McGregor）的 X 理论和 Y 理论，赫茨伯格（Frederick Irving Herzberg）的双因素理论，马斯洛（Abraham Harold Maslow）的马斯洛需求层次理论。这些理论的核心管理思想是承认了人的价值，强调员工不是机器，而是有需要、有动机、有个性的组织成员。

在这一时期，政府关于人事管理的立法逐渐增多，阶级矛盾有所缓和，组织行为的科学研究也突破了人际关系学派的局限，开始用整体的角度研究群体和组织，对人的价值有了更深刻的认知。在这一时期，德鲁克出版了《管理的实践》，巴克出版了《人力资源功能》等著作，他们都把管理人力资源作为管理的重要职能，并对此进行了深入探讨。从此，人力资源管理开始从最初的劳动管理、人事管理走向更为规范的发展道路，人事管理的职能涵盖了劳动人事阶段的组织、工作分析、分工、选人、福利、激励和行为科学阶段的职业规划、企业文化、培训、绩效等比较全面的人力资源功能。随后，人力资源管理开始属于高级管理范围，但仍然没有形成相关的完整的、严密的理论体系。

三、战略人力资源管理

20 世纪后半叶，随着经济全球化和知识经济的发展，企业之间的竞争发生了巨大的变化。这一时期由于信息技术的发展、互联网和电子商务的应用，人类进入新经济时代，知识在造就组织竞争优势方面的决定性作用日渐显现。同时由于人的需求与价值观趋向多元化，对人的管理工作变得更加复杂。

1981 年，《人力资源管理：一个战略观》一文提出了战略人力资源管理的概念；

1984 年，比尔（Michael Beer）等人的《管理人力资本》一书的出版，标志着人力资源管理向战略人力资源管理的飞跃。

20 世纪 90 年代，人力资源管理研究领域的一个重要变化就是把人力资源看成组织战略的贡献者，依靠核心人力资源建立竞争优势和依靠员工实现战略目标成为战略人力资源管理的基本特征。战略人力资源管理是为了实现组织长期目标，以战略为导向，对人力资源进行有效开发、合理配置、充分利用和科学管理的制度、程序和方法的总和。它贯穿人力资源管理的全过程，包括人力资源规划、招聘与配置、培训与开发、绩效管理、薪酬福利管理、劳动关系管理等模块，以保证组织获得竞争优势和实现最优绩效。战略人力资源管理强调在组织管理活动中人力资源管理应处于核心位置而不是协调位置，强调人力资源与组织战略的匹配。至此，人力资源管理才真正形成一整套完整的、实用的理论。

人力资源管理理论是 20 世纪 80 年代由国外传到中国来的，与中国的人力资源管理实情并不能很好地契合。但任何管理理论都是随着环境的变化不断演变的，现代管理学强调的权变管理，就是要求管理人员应根据不同的内外部环境调整适合自己组织的管理方法。

第二章　人力资源规划

第一节　人力资源规划概述

一、人力资源规划的概念

人力资源规划是指在依据企业的战略目标，明确企业现有的人力资源状况，科学预测企业未来的人力资源供需状况的基础上，制定相应的政策和措施，以确保企业的人力资源不断适应企业经营和发展的需要，使企业和员工都能获得长远利益而进行的人力资源管理活动。

要准确理解人力资源规划的概念，必须把握以下五个要点。

第一，人力资源规划是在组织的发展战略和目标的基础上进行的。组织的战略目标是人力资源规划的基础，人力资源管理是组织管理系统中的一个子系统，要为组织发展提供人力资源支持，因此人力资源规划必须以组织的最高战略为目标。

第二，人力资源规划应充分考虑组织外部和内部环境的变化。一方面，政治、经济、法律、技术、文化等一系列因素的变化导致企业外部环境总是处于不断的变化中，企业的战略目标可能会随之变化和调整，从而引起企业内部人力资源需求的变动。另一方面，企业在发展过程中，不可避免地会出现员工的流出或工作岗位的变化等，这可能会引起企业人力资源状况的内部变化。因此，企业需要对这些变化进行科学的分析和预测，使组织的人力资源管理处于主动地位。

第三，人力资源规划的前提是对现有人力资源状况进行盘点。进行人力资源规划，首先要立足于企业现有的人力资源状况，从员工数量、年龄结构、知识结构、素质水平、发展潜力和流动规律等几个方面，对现有的人力资源进行盘点，并运用科学的方法，找出目前的人力资源状况与未来需要达到的人力资源状况之间的差距。

第四，人力资源规划的目标是制定人力资源政策和措施。例如，为了适应企业发展的需要，要对内部人员进行调动，就必须有晋升和降职、外部招聘和培训等，这样才能保证人力资源规划目标的实现。

第五，人力资源规划的最终目的是使企业和员工都获得长期利益。企业的人力资源规划不仅要关注企业的战略目标，还要切实关心企业中每位员工在个人发展方面的需要，帮助员工在实现企业目标的同时实现个人目标。只有这样，企业才能留住人才，充分发挥每个员工的积极性和创造性，提高每个员工的工作效率；企业才能吸引、招聘到合格的人才，从而提高企业的竞争力，实现企业的战略目标。

二、人力资源规划的作用

人力资源规划不仅在企业的人力资源管理活动中具有先导性和战略性，而且在实施企业总体规划中具有核心的地位。具体而言，人力资源规划的作用主要体现在以下五个方面。

（一）有利于组织制定战略目标和发展规划

一个组织在制定战略目标、发展规划以及选择决策方案时，要考虑自身的资源，特别是人力资源的状况。人力资源规划是组织发展战略的重要组成部分，也是实现组织战略目标的重要保证。人力资源规划促使企业了解与分析目前组织内部人力资源余缺的情况，以及未来一定时期内的人员晋升、培训或对外招聘的可能性，有助于制定组织战略目标和发展规划。

（二）确保企业在发展过程中对人力资源的需求

企业内部和外部环境总是处于不断的发展变化中，这就要求企业对其人力资源的数量、质量和结构等方面不断进行调整。企业如果不能事先对人力资源状况进行系统的分析，并采取有效措施，就会不可避免地受到人力资源问题的困扰。虽然企业可以在短时间内通过劳动力市场获得较低技能的一般员工，但是对企业经营起决定性作用的技术人员和管理人员一旦出现短缺，企业会很难及时找到替代人员。因此，人力资源部门必须注意分析企业人力资源需求和供给之间的差距，制定各种规划，不断满足企业对人力资源多样化的需要。

（三）有利于人力资源管理工作的有序进行

人力资源规划作为一种功能性规划，是任何一项人力资源管理工作得以成功实施的重要前提。人力资源规划具有先导性和战略性，是组织人力资源管理活动的基础，它由总体规划和各种业务计划构成，可以在为实现组织目标进行活动的过程中，为人力资源管理活动（如人员的招聘、晋升、培训等）提供可靠的信息和依据，从而保证组织人力资源管理活动的有序进行。

（四）控制企业的人工成本和提高人力资源的利用效率

人工成本在现代企业成本中占有很大的比例，而人工成本在很大程度上取决于人员的数量和分布情况。一个企业在成立初期，低工资的人员较多，人工成本相对较低。随着企业规模的扩大，员工数量的增加，员工职位的提升，工资水平的上涨，企业的人工成本有所增加。如果没有科学的人力资源规划，难免会出现人工成本上升、人力资源利用效率下降等情况。人力资源规划可以有计划地调整人员数量和分布状况，把人工成本控制在合理的范围内，提高人力资源的利用效率。

（五）调动员工的积极性和创造性

人力资源规划不仅是面向组织的计划，也是面向员工的计划。许多企业面临着员工跳槽的问题，一部分原因是企业无法给员工提供优厚的待遇或者通畅的晋升渠道，还有一部分原因是人力资源规划的空白或不足。并不是每个企业都是靠提供有诱惑力的薪金和福利来吸引人才的，许多缺乏资金、处于发展初期的中小企业照样可以吸引到优秀人才并迅速成长，它们的成功之处不外乎立足于企业自身的情况，营造企业与员工共同成长的组织氛围。组织应在人力资源规划的基础上，引导员工进行职业生涯设计，让员工清晰地了解自己未来的发展方向，从而调动其工作的积极性和创造性。

三、人力资源规划的分类

（一）按照规划的时间长短划分

人力资源规划按时间的长短可分为长期人力资源规划、中期人力资源规划和短期人力资源规划。

1.长期人力资源规划

长期人力资源规划的期限一般为 5 年以上，对应企业的长期发展目标，是对企业人力资源开发与管理的总目标、总方针和总战略的系统谋划。长期人力资源规划的特点是具有战略性和指导性，没有十分具体的行动方案和措施，有的只是方向性的描述。

2.中期人力资源规划

中期人力资源规划的期限一般为 1 年以上 5 年以下，对应企业的中长期发展目标，包括对企业人力资源未来发展趋势的判断和发展的总体要求。中期人力资源规划的特点是方针、政策和措施的内容较多，但没有短期人力资源规划那样具体。

3.短期人力资源规划

短期人力资源规划是指 1 年或 1 年以内的规划，一般表现为年度、季度人力资源规划，主要是具体的工作规划。短期人力资源规划的特点是目标明确、内容具体，有明确的具体行动方案和措施，具有一定的灵活性。

这种划分期限的长短并不是绝对的。对于一些企业来说，长期人力资源规划、中期人力资源规划和短期人力资源规划的期限可能比上述的更长；而对于另一些企业来说，期限可能会更短。这取决于企业所在行业的性质和企业的生命周期等因素。

（二）按照规划的范围划分

人力资源规划按照范围的大小可分为整体人力资源规划、部门人力资源规划和项目人力资源规划。

1.整体人力资源规划

整体人力资源规划关系到整个企业的人力资源管理活动，是属于企业层面的，在人力资源规划中居于首要地位。

2.部门人力资源规划

部门人力资源规划指企业各个业务部门的人力资源规划。部门人力资源规划是在整体人力资源规划的基础上制定的，其内容专一性强，是整体人力资源规划的子规划。

3.项目人力资源规划

项目人力资源规划指某项具体任务的计划，是对人力资源管理特定课题的计划，如项目经理培训计划。项目人力资源规划与部门人力资源规划不同，部门人力资源规划针对的只是单个部门的业务，而项目人力资源规划是为某种特定的任务而制定的。

（三）按照规划的性质划分

人力资源规划按照性质的不同可以划分为战略性人力资源规划和战术性人力资源规划。

1.战略性人力资源规划

战略性人力资源规划着重于总的、概括性的战略、方针、政策和原则，具有全局性和长远性，通常是人力资源战略的表现形式。

2.战术性人力资源规划

战术性人力资源规划一般指具体的、短期的、具有专业针对性的业务规划。战术性人力资源规划具有内容具体、要求明确、措施易落实和易操作等特点。

四、人力资源规划的内容

（一）人力资源总体规划

人力资源总体规划是对规划期内人力资源规划结果的总体描述,包括规划预测的需求和供给分别是多少,作出这些预测的依据是什么,供给和需求的比较结果是什么,企业平衡需求、供给的指导原则和总体政策是什么等。人力资源总体规划具体包括以下三个方面的内容。

1.人力资源数量规划

人力资源数量规划是指依据企业未来的业务模式、业务流程、组织结构等因素来确定企业未来各部门人力资源编制以及各类职位人员配比关系,并在此基础上形成企业未来人力资源的需求计划和供给计划。人力资源数量规划主要解决企业人力资源配置标准的问题,它为企业未来的人力资源配置提供了依据,指明了方向。

2.人力资源素质规划

人力资源素质规划是依据企业战略、业务模式、业务流程和组织对员工的行为要求,设计各类人员的任职资格。人力资源素质规划是企业选人、育人、用人和留人活动的基础和前提。人力资源素质规划包括企业人员的基本素质要求、人员基本素质提升计划,以及关键人才招聘、培养和激励计划等。

3.人力资源结构规划

人力资源结构规划是指依据行业特点、企业规模、战略重点发展的业务及业务模式,对企业人力资源进行分层分类,设计、定义企业职位种类与职位责权界限的综合计划。通过人力资源结构规划,可以理顺各层次、各种类职位人员在企业发展中的地位、作用和相互关系。

人力资源数量规划、人力资源素质规划和人力资源结构规划是同时进行的,人力资源数量规划和人力资源素质规划都是依据人力资源结构规划进行的,因此人力资源结构规划是关键。

（二）人力资源业务规划

人力资源业务规划包括人员配备计划、人员补充计划、人员使用计划、培训开发计划、薪酬激励计划、劳动关系计划和退休解聘计划等。

1.人员配备计划

人员配备计划是根据组织发展规划，结合组织人力资源盘点报告来编制的。企业中每一个职位、每一个部门的人力资源需求都有一个合适的规模，并且这个规模会随着企业外部环境和内部条件的变化而变化。人员配备计划就是为了确定在一定时期内与职位、部门相适应的人员规模和人员结构。

2.人员补充计划

人员补充计划即拟定人员补充政策，目的是使企业能够合理地、有目标地填补组织中可能产生的空缺。在组织中，常常会由于各种原因，如企业规模扩大，员工的晋升、离职、退休等情况，产生新职位或出现职位空缺。为了保证企业出现的空缺职位和新职位得到及时而又经济的补充，企业需要做好人员补充计划。

3.人员使用计划

人员使用计划包括人员晋升计划和人员轮换计划。

人员晋升计划实质上是企业内部晋升政策的一种表达方式,是根据企业的人员分布状况和层级结构拟定的人员晋升政策。对企业来说，有计划地提升有能力的人员，不仅是人力资源规划的重要职能，还体现了对员工的激励。晋升计划一般由晋升比率、平均年资、晋升时间等指标来表达。

某一级别（如招聘主管）未来的晋升计划如表 2-1 所示。

表 2-1　晋升计划范例

晋升到某级别的年资	1	2	3	4	5	6	7	8
晋升比率（%）	0	0	10	20	40	5	0	0
累计晋升比率（%）	0	0	10	30	70	75	75	75

从上表可以看出,晋升到某级别的最低年资是 3 年,年资为 3 年的晋升比率为 10%,年资为 4 年的晋升比率为 20%，年资为 5 年的晋升比率为 40%，其他年资获得晋升的

比率很小。调整各种指标会使晋升计划发生改变，会对员工的心理产生不同的影响。例如：向上晋升的年资延长，就意味着员工在目前级别上待的时间更长，降低晋升的比率则表明不能获得晋升机会的人数增多。

4.培训开发计划

培训开发计划是为了满足企业的可持续发展，在对需要的知识和技能进行评估的基础上，有目的、有计划地对不同人员进行的培养和开发。企业实施培训开发计划，一方面可以使员工更好地胜任工作，另一方面也有助于企业吸引和留住人才。

5.薪酬激励计划

对企业来说，薪酬激励计划一方面有利于保证企业的人力资源成本与经营状况保持适当的比例，另一方面有利于充分发挥薪酬的激励作用。企业通过薪酬激励计划可以在预测企业发展的基础上，对未来的薪资总额进行预测，并制定未来的人力资源政策，如激励对象、激励方式的选择等，以调动员工的积极性。薪酬激励计划一般包括薪资结构、薪资水平和薪资策略等内容。

6.劳动关系计划

劳动关系计划是关于减少和预防劳动争议、改进企业和员工关系的重要的人力资源业务计划。劳动关系计划在提高员工的满意度、降低人员流动率、减少企业的法律纠纷、维护企业的社会形象、保障社会的稳定等方面发挥着不可估量的作用。

7.退休解聘计划

退休解聘计划是企业对员工采取的淘汰退出机制。在当今社会，绝大多数企业都不推行终身雇佣制，但不少企业依然存在大量的冗余人员。出现此现象的一个重要原因是企业只设计了员工向上晋升的通道，却未设计合理的员工向下退出的通道。晋升计划和退休解聘计划使企业的员工能上能下、能出能进，保证了企业人力资源的健康发展。

人力资源业务规划是人力资源总体规划的展开和具体化，它们分别从不同的角度保证了人力资源规划目标的实现。各项人力资源业务规划是相辅相成的，在制定人力资源业务规划时，应当注意各项计划之间的关系。例如，培训开发计划、人员使用计划和薪酬激励计划要相互配合。

五、人力资源规划的程序

人力资源规划是一个复杂的过程，涉及的内容比较多、人员范围比较广，需要多方面的支持与协作。因此，规范和科学的人力资源规划程序是提高企业人力资源规划质量的保证。人力资源规划的程序一般分为五个阶段，即准备阶段、预测阶段、制定阶段、执行阶段和评估阶段。

（一）准备阶段

要想做好每一项规划都必须充分收集相关信息，人力资源规划也不例外。由于影响企业人力资源供给和需求的因素有很多，想要比较准确地作出预测，就需要收集有关的各种信息，这些信息主要包括以下几个方面的内容。

1.外部环境的信息

外部环境对人力资源规划的影响主要有两个方面：一方面是企业面对的大环境对人力资源规划的影响，如社会的政治、经济、文化等；另一方面是劳动力市场的供求状况、人们的择业偏好、企业所在地区的平均工资水平、政府的职业培训政策、国家的教育政策，以及竞争对手的人力资源管理政策等。这类企业外部环境同样对人力资源规划产生一定的影响。

2.内部环境的信息

内部环境的信息包括两个方面：一是组织环境的信息，如企业的发展规划、经营战略、生产技术、产品结构等；二是管理环境的信息，如公司的组织结构、企业文化、管理风格、管理体系、人力资源管理政策等。这些因素都直接决定着企业人力资源的供给和需求状况。

3.现有人力资源的信息

人力资源规划，要立足于人力资源现状，只有及时准确地掌握企业现有人力资源的状况，人力资源规划才有意义。为此，企业需要借助人力资源信息管理系统，该系统能及时、准确地为人力资源规划提供企业现有人力资源的相关信息。现有的人力资源信息主要包括个人的自然情况、录用资料、教育和培训资料、工资资料、工作执行评价、工作经历、服务与离职资料、工作态度调查、安全与事故资料、工作环境资料、工作与职务的历史资料等。

（二）预测阶段

人力资源预测阶段分为人力资源需求预测和人力资源供给预测,这个阶段的主要任务是在充分掌握信息的基础上,选择有效的人力资源需求预测和供给预测的方法,分析与判断不同类型的人力资源供给和需求状况。在整个人力资源规划中,这是关键也是难度最大的一个阶段。只有准确地预测出人力资源的供给与需求状况,才能采取有效的平衡措施。

1.人力资源需求预测

人力资源需求预测主要是根据企业的发展战略和本企业的内外部条件选择预测技术,然后对人力资源的数量、质量和结构进行预测。在预测过程中,预测者及其管理判断能力与预测的准确与否关系重大。一般来说,商业因素是影响员工需要类型、数量的重要变量,通过分析这些因素及收集的历史资料,预测者可以将其作为预测的基础。

2.人力资源供给预测

人力资源供给预测是人力资源规划中的核心内容,是预测在某一未来时期,组织内部所能供应的（或经培训可能补充的）及外部劳动力市场所提供的一定数量、质量和结构的人员,以满足企业为达成目标而产生的人员需求。人力资源供给预测只有进行人员拥有量预测并把它与人员需求量相对比之后,才能制定各种具体的规划。人力资源供给预测包括两部分:一部分是内部拥有量预测,即根据现有人力资源及其未来变动情况,预测出规划各时间点上的人员拥有量;另一部分是对外部人力资源供给量进行预测,确定在规划各时间点上的各类人员的可供量。

3.确定人员净需求

在预测过人力资源需求和人力资源供给之后,需要把组织中的人力资源需求与组织内部人力资源供给进行对比分析,从比较分析中测算出各类人员的净需求数。若这个净需求数是正数，则表明企业要招聘新的员工或对现有员工进行有针对性的培训；若这个净需求数是负数，则表明组织在这方面的人员是过剩的，应该精简或对员工进行调配。这里所说的"人员的净需求"包括人员的数量、人员的质量和人员的结构，这样就可以有针对性地制定人力资源目标和人力资源规划。

（三）制定阶段

在收集到相关信息和分析了人力资源供需后，就可以制定人力资源规划了。人力资源规划的制定阶段是人力资源规划整个过程的实质性阶段，包括确定人力资源目标和人力资源规划内容两个方面。

1.人力资源目标的确定

人力资源目标是企业经营发展战略的重要组成部分，并支撑着企业的长期规划和经营计划。人力资源目标以企业的长期规划和经营规划为基础，从全局和长期的角度考虑了企业在人力资源方面的发展和要求，为企业的持续发展提供人力资源保证。人力资源目标应该是多方面的，涉及人力资源管理各项活动，人力资源目标应该满足以下原则：①目标必须是具体的；②目标必须是可以衡量的；③目标必须是可以达到的；④目标必须和其他目标具有相关性；⑤目标必须具有明确的截止期限。

2.人力资源规划内容的确定

人力资源规划内容的确定，包括人力资源总体规划和人力资源业务规划的确定。在确定人力资源业务规划内容时，应该注意两个方面：一方面，内容应该具体明确，具有可操作性；另一方面，业务性人力资源规划应涉及人力资源管理的各个方面。此外，各项人力资源业务计划应该相互协调，避免出现不一致甚至冲突的现象。

（四）执行阶段

人力资源规划的执行是企业人力资源规划的一项重要工作，人力资源规划执行得是否到位，决定了整个人力资源规划是否成功。人力资源规划一旦制定出来，就要执行，在人力资源规划的执行阶段，需要注意两个方面的问题：一方面，确保有具体的人员来负责既定目标的达成,同时还要确保执行人力资源规划方案的人拥有达成这些目标的权力和资源;另一方面,要重视定期取得关于人力资源规划执行情况的进展报告,以保证所有的方案都能够在既定的时间里执行到位。

(五)评估阶段

对人力资源规划执行的效果进行评估是整个规划程序的最后一步。人力资源规划的评估包括两层含义:一是指在执行的过程中,要随时根据内外部环境的变化来修正供给和需求的预测结果,并对平衡供需的措施作出调整;二是指要对预测的结果以及制定的措施进行评估,对预测的准确性和措施的有效性作出衡量,找出其中存在的问题,总结相关经验,为以后的规划提供借鉴和帮助。

对人力资源规划进行评估应注意以下几个问题:①预测所依据信息的质量、广泛性、详尽性、可靠性;②预测所选择的主要因素的影响与人力资源需求的相关度;③人力资源规划者熟悉人事问题的程度以及对它们的重视程度;④人力资源规划者与提供信息和使用人力资源规划的人事、财务部门以及各业务部门经理之间的工作关系;⑤在有关部门之间信息交流的难易程度;⑥决策者对人力资源规划中提出的预测结果、行动方案和建议的利用程度;⑦人力资源规划在决策者心目中的价值;⑧人力资源各项业务规划实施的可行性。

第二节　人力资源的供需预测

人力资源供需预测是人力资源规划的基础,它是一项技术性较强的工作,涉及许多专门的技术和方法。同时,人力资源供需预测也是企业人力资源规划的核心内容。

一、人力资源需求预测

人力资源需求预测就是为了实现企业的战略目标,根据企业所处的外部环境和具有的内部条件,选择适当的预测技术,对未来一定时期内企业所需人力资源的数量、质量和结构进行预测。在进行人力资源需求预测之前,要确定某一工作是否有存在的必要,定员数量是否合理,现有工作人员是否具备该工作所要求的条件,未来的生产任务、生产能力是否会发生变化等。

(一)影响企业人力资源需求的因素

影响企业人力资源需求的因素,可分为两类:企业内部因素和企业外部环境。

1.企业内部因素

(1)企业规模的变化

企业规模的变化主要表现为两个方面:一是在原有的业务范围的基础上扩大或压缩规模;二是增加新的业务或放弃旧的业务。这两个方面的变化都会对人力资源需求的数量和结构产生影响。企业规模扩大,需要的人力就会增加;企业规模缩小,需要的人力也将减少。

(2)企业经营方向的变化

企业经营方向的调整,有时并不一定导致企业规模的变化,但会在一定程度上改变对人力资源的需求。比如,军工企业生产民用产品,开拓民用市场,就必须增加市场销售人员,否则将无法适应多变的民用市场。

(3)技术、设备条件的变化

企业生产技术水平的提高、设备的更新,一方面会使企业所需人员的数量减少,另一方面对人员的知识、技能的要求会随之提高。

(4)管理手段的变化

采用先进的管理手段,会提高企业自身的生产率和管理效率,从而引起人力资源需求的变化。比如，企业使用计算机信息系统来管理企业的数据库，其工作流程会简化，对人力资源的需求也会随之减少。

（5）人力资源自身状况

企业人力资源状况对人力资源需求也存在重要的影响。例如，人员流动比率的大小会直接影响企业对人力资源的需求。此外，企业人员的劳动生产率、工作积极性、人才的培训开发等也会影响企业对人力资源的需求。

2.企业外部环境

外部环境对企业人力资源需求的影响，多是通过企业内部因素起作用的。影响企业人力资源需求的外部环境主要包括经济、政治、法律、技术和竞争对手、顾客需求等。例如：经济的周期性波动会引起企业战略或规模的变化，进而引起企业人力资源需求的变化；竞争对手之间的人才竞争，会直接导致企业人才的流失；顾客的需求偏好发生改变，会引起企业经营方向的改变，进而也会引起企业对人力资源需求的变动；等等。

（二）人力资源需求预测的方法

人力资源需求预测的方法包括定性预测法和定量预测法两大类。

1.定性预测法

（1）管理人员经验预测法

管理人员经验预测法是凭借企业管理者的丰富经验甚至是个人的直觉来预测企业未来的人力资源需求的。例如，根据前期工作任务的完成情况，结合下一期的工作任务量，管理人员就可以预测未来的人员需求。

管理人员经验预测法是一种比较简单的方法，完全依靠管理者的经验和个人能力，预测结果的准确性不能保证，通常用于短期预测。当企业所处的环境较为稳定、组织规模较小时，单独使用此方法，可以迅速得出预测结论，获得满意的结果；当企业所处的环境较为复杂、组织规模较大时，不可单独使用此方法，需结合其他预测方法。

（2）分合预测法

分合预测法是一种较为常用的人力资源需求预测的方法，包括自上而下、自下而上两种方式。

自上而下的方式：由企业的高层管理者初步拟定组织的总体用人目标和计划，再逐级下达到各部门和单位。各个部门和单位进行讨论和修改，再将各自修改之后的意见逐级汇总后反馈至企业高层。高层管理者据此对总体计划作出修正，最后公布正式的用人计划。

自下而上的方式：企业的高层管理者首先要求各个部门和单位根据各自的工作任务、技术设备的状况等预测本部门将来对各种人员的需求，然后在此基础上，对各部门、单位提供的预测情况进行综合平衡，从中预测出整个企业将来一定时期的人员需求状况。

通常情况下，分合预测法能够使企业各层级的管理者参与人力资源规划的制定，根据本部门的实际情况确定较为合理的人力资源规划。但是，这种方法由于受企业各层管理者的知识、经验、能力、心理成熟度的限制，对长期的人员需求预测不是很准确。因此，分合预测法是一种中短期的人力资源需求预测方法。

（3）德尔斐法

德尔斐法，又称专家调查法，1964 年美国兰德公司首次将其应用于技术预测中。德尔斐法在创立之初被专门用于技术预测，后来才逐渐扩展到了其他领域，成了一种专家对影响组织发展的某一问题的看法达成一致意见的结构化方法。

德尔斐法的特征体现在三个方面：吸引专家参与预测，充分利用专家的经验和学识；采用匿名或背靠背的方式，使每一位专家独立、自由地作出判断；预测过程多次反馈，使专家的意见逐渐趋同。

将德尔斐法用于企业人力资源需求预测的具体操作步骤如下。

①确定预测的目标，由主持预测的人力资源管理部门确定关键的预测方向、相关变量和难点，列举出必须回答的有关人力资源预测的具体问题。

②挑选专家，每位专家都要拥有人力资源预测方面的某种知识或专长。

③人力资源部门向专家发出问卷和相关材料，使他们在背靠背、互不交流的情况下，独立发表看法。

④人力资源部门将专家的意见集中、归纳，并将归纳的结果反馈给他们。

⑤专家根据归纳的结果进行重新思考，修改自己的看法。

⑥重复进行第四步和第五步，直到专家的意见趋于一致，通常这一过程需要3～4轮。

德尔斐法的优点是可以集思广益，并且可以避免群体压力和某些人的特殊影响力，对影响人力资源需求各个方面的因素可以有比较全面、综合的考虑。缺点是花费时间较长、费用较高。所以，这种方法适用于长期的、趋势性的预测，不适用于短期的、日常的和比较精确的人力资源需求预测。

2.定量预测法

（1）趋势分析法

趋势分析法是利用组织的历史资料，根据某个因素的变化趋势预测相应的人力资源需求。这种方法有两个假定前提：第一，假定企业的生产技术构成基本不变，这样单位产品的人工成本才大致保持不变，并以产品数量的增减为根据来预测人员需求数量；第二，假定市场需求基本不变，在市场需求变化不大的情况下，人员数量与其他变量（如产量）的关系才容易分析出来。

趋势分析法的操作步骤如下。

①选择相关变量。确定一种与劳动力数量和结构的相关性最强的因素为相关变量，通常选择销售额或生产率等。

②分析相关变量与人力资源需求的关系。分析此因素与所需员工数量的比率，形成一种劳动率指标。

③计算生产率指标。根据以往5年或5年以上的生产率指标，求出均值。

④计算所需人数。用相关变量除以劳动生产率得出所需人数。

（2）转换比率分析法

转换比率分析法是根据过去的经验，把企业未来的业务量转化为人力资源需求量的预测方法。转换比率分析法的操作步骤如下。

①确定企业未来的业务量，根据以往的经验估计与企业的业务规模相适应的关键技能员工的数量。

②根据关键技能员工的数量估计辅助员工的数量。

③将估计的关键技能员工数量与辅助员工数量相加，得出企业人力资源总需求量。

使用转换比率法将企业的业务量转换为人力资源需求量时，通常要以组织已有的人力资源的数量与某个影响因素之间的关系为依据，来对人力资源的需求进行预测。以某所医院为例，当医院的病床数量增加一定的百分比时，护士的数量也要增加相应的百分比，否则难以保证医院的医疗服务质量。

需要指出的是，转换比率分析法有一个隐含的假设，即假设组织的生产率保持不变。如果需要考虑生产率的变化对员工需求量的影响，则可使用下面的计算公式。

$$计划期所需员工数量 = \frac{目前业务量 + 计划期业务量}{目前人均业务量 \times (1 + 生产率增长率)}$$

使用转换比率分析法进行人力资源需求预测时，需要对未来的业务量、人均的生产效率及其变化作出准确预测，这样对未来人力资源需求的预测才会比较符合实际。

（3）回归分析法

由于人力资源的需求总受到某些因素的影响，回归分析法的基本思路就是要找出那些与人力资源需求高度相关的因素，并依据过去的相关资料确定它们之间的数量关系，建立一个回归方程，然后再根据这些因素的变化和确定的回归方程，来预测未来的人力资源需求。使用回归分析法的关键是要找出那些与人力资源需求高度相关的变量，这样才能建立起回归方程并进行预测。

根据回归方程中变量的数量，可以将回归预测分为一元回归预测和多元回归预测两种。一元回归预测只涉及一个变量，建立回归方程时相对比较简单；而多元回归由于涉及的变量较多，所以建立回归方程时要复杂得多，但是它考虑的因素也比较全面，预测的准确度往往要高于前者。由于曲线关系的回归方程建立起来比较复杂，为了方便操作，在实践中经常采用线性回归方程来进行预测。

二、人力资源供给预测

人力资源供给预测与人力资源需求预测不同,人力资源需求预测只研究企业内部对人力资源的需求,而人力资源供给预测必须同时考虑企业内部人力资源供给和企业外部人力资源供给两个方面的因素。

（一）企业内部人力资源供给

企业内部人力资源供给预测主要分析计划期内将有多少员工留在目前岗位,有多少员工流动到其他岗位,有多少员工流出企业。

1.影响企业内部人力资源供给的因素

（1）现有人力资源的运用情况

企业现有人力资源的运用情况包括:员工的工作负荷饱满程度、员工出勤状况、工时利用状况,以及部门之间的分工是否平衡等,如员工的缺勤情况严重就会影响企业内部人力资源的供给。

（2）企业人员流动状况

在收集和分析有关内部劳动力供应数据时,企业内部人员流动率将对劳动力供给产生很大影响。企业人员流动率的数据包括晋升率、降职率、轮岗率、离职率、新进率,企业人员的流动率可以根据历史数据与人力资源管理经验来预测,通过分析规划期内可能流出和流入的人数与相应类型企业内部劳动力市场的变动情况,判断未来某个时间点或时期内部可提供的人力资源。

（3）员工的培训开发状况

根据企业的经营战略,针对企业未来可能需要的不同技能类型的员工开展有效的开发和培训,可以改善企业目前的人力资源状况,使企业人力资源的质量、结构更能适应企业未来发展的需要。这有利于减少企业冗余的人力资源,同时增加企业人力资源的内部供给。

2.企业内部人力资源供给预测的方法

（1）人员接替法

人员接替法就是对组织现有人员的状况作出评价，然后对他们晋升或者调动的可能性作出判断，以此来预测组织潜在的内部供给，这样当某一职位出现空缺时，就可以及时地进行补充。

人员接替法的操作步骤如下。

①确定人员接替计划包括的岗位范围。

②确定各个岗位上的接替人选。

③评价接替人选当前的工作绩效和晋升潜力。

④了解接替人选本人的职业发展需要，并引导其将个人目标与组织目标结合起来。

（2）人力资源"水池"模型法

该模型是在预测组织内部人员流动的基础上来预测人力资源的内部供给，它与人员接替法类似。不同的是：人员接替法是从员工出发来进行分析，而且预测的是一种潜在的供给；"水池"模型法则是从职位出发进行分析，预测的是未来某一时间现实的供给，并且涉及的面更广。这种方法一般针对具体的部门、职位层次或职位类别来进行，由于它要在现有人员的基础上通过计算流入量和流出量来预测未来的供给，这就好比是计算一个水池未来的蓄水量，因此被称为"水池"模型法。

人力资源"水池"模型法的操作步骤如下。

①明确每个职位层次对员工的要求和需要的员工人数。

②确定达到职位要求的候选人，或者经过培训后能胜任职位的人。

③把各职位的候选人情况与企业员工的流动情况综合起来考虑，控制好员工流动方式与不同职位人员接替方式之间的关系，对企业人力资源进行动态管理。

对企业中各个职位层次员工的供给预测，可以使用以下公式：

$$未来内部供给量＝现有员工数量＋流入总量－流出总量.$$

对每一个层次的职位来说，人员流入的原因有平行调入、上级职位降职和下级职位晋升。人员流出的原因有向上级职位晋升、向下级职位降职、平行调出、离职和退休。

分析完所有层次之后，将它们合并在一张图中，就可以得出组织未来各个职位层次的内部供给量以及总的供给量。

（3）马尔科夫转换矩阵法

马尔科夫转换矩阵法是一种运用统计学原理预测组织内部人力资源供给的方法。马尔科夫转换矩阵法的基本思想是找出过去的人员流动规律，以此推测未来的人员流动趋势，其基本假设是未来的内部人员流动模式、概率与过去的情况大致相同。运用这种方法预测人员供给时，首先需要建立人员变动矩阵表。该表主要指某个人在某段时间内，由一个职位调到另一个职位（或离职）的概率。人们运用马尔科夫转换矩阵法可以有效分析企业现有人员的流动（如晋升、调换岗位和离职）情况。

（二）企业外部人力资源供给

当企业内部的人力资源供给无法满足企业需求时，企业就需要从外部获取人力资源。企业外部人力资源供给预测，主要是预测未来一定时期内，外部劳动力市场上企业所需人力资源的供给情况。

1.影响企业外部人力资源供给的因素

（1）宏观经济形势

劳动力市场的供给状况与宏观经济形势息息相关。宏观经济形势越好，失业率越低，劳动力供给越紧张，企业招聘越困难；反之，劳动力供给充足，企业招聘较简单。

（2）全国或本地区的人口状况

影响人力资源供给的人口状况包括：①人口总量和人力资源率。人口总量越大、人力资源率越高，人力资源的供给就越充足。②人力资源的总体构成。这是指人力资源在性别、年龄、教育、技能、经验等方面的构成，它决定了不同层次和类别上可以提供的人力资源数量和质量。

（3）劳动力的市场化发育程度

劳动力市场化程度越高，越有利于劳动力自由进入市场，以及劳动力的合理流动。

（4）政府的政策和法规

政府的政策和法规是影响外部人力资源供给的不可忽视的因素，如关于公平就业机会的法规、保护残疾人就业的法规、严禁童工就业的法规等。

（5）地域特点

公司所在地或公司本身对人才的吸引力，也是影响人力资源供给的重要因素，如北京、上海、广州等大城市的公司吸引人才会相对容易。

2.企业外部人力资源供给预测的方法

（1）文献法

文献法是指根据国家的统计数据或有关权威机构的统计资料进行分析的方法。企业可以通过国家和地区的统计部门、人力资源和社会保障部门出版的年鉴、发布的报告来获得数据或资料，还可以借助互联网来获得数据或资料。同时，企业还应密切关注相关法律法规、政策的变化情况。

（2）市场调查法

企业可以就自身关注的人力资源状况直接进行调查。企业可以与猎头公司、人才中介公司等专门机构建立长期关系，还可以与相关院校建立合作关系，关注目标人选的情况等。

（3）对应聘人员进行分析

企业可以通过对应聘人员和已雇佣人员进行分析得到未来外部人力资源供给的相关信息。

三、人力资源供需平衡

人力资源供求平衡指人力资源的供给与需求大体相等或相当的状态。人力资源供需不平衡存在三种情况：人力资源供大于求，出现预期人力资源过剩的情况；人力资源供小于求，出现预期人力资源短缺的情况；人力资源供需数量平衡，但结构不平衡的情况。

人力资源供需不平衡会给企业带来相应的问题。例如：当人力资源供大于求时，会导致企业内人浮于事，内耗严重，生产成本上升而工作效率下降；当人力资源供小于求时，企业设备闲置，固定资产利用率低。这些问题都会影响企业战略目标的实现，削弱企业的竞争优势，甚至影响企业的可持续发展。

（一）预期人力资源短缺时的对策

1.外部招聘

外部招聘是最常用的解决人力资源短缺的方法。当人力资源总量缺乏时，采用此种方法比较有效。外部招聘是指根据组织的具体情况，面向社会招聘所需人员。如果企业需求是长期的，一般招聘一些全职员工；如果需求是暂时的，则可以招聘一些兼职员工和临时员工，以解决企业人力资源短缺的问题。

2.延长工作时间

延长工作时间是指在符合国家相关法律法规的前提下，适当延长员工的工作时间，并支付相应的报酬，以应对人力资源的短期不足。延长工作时间可有效节约人力开支，减少招聘成本，而且可以保证工作质量。但是延长工作时间只能弥补短期的人力资源不足，企业不能长期使用此对策，因为长期使用该对策会导致员工过度劳累，反而会降低工作效率。

3.培训后转岗

该对策主要是对组织现有员工进行必要的技能培训，使之不仅能适应当前的工作，还能进行转岗或适应更高层次的工作，能够将企业现有的人力资源充分利用起来，以弥补人力资源方面的不足。此外，如果企业即将进行经营转型，也需要向员工培训新的工作知识和工作技能，以便在企业转型后，保证原有的员工能够胜任新的岗位。

4.业务外包

该对策是指组织根据自身情况，将较大范围的工作或业务承包给外部的组织去完成。通过外包，组织可以将任务交给那些有比较优势的外部组织去做，从而提高效率，减少成本，减少组织内部对人力资源的需求。

5.技术创新

组织可以通过改进生产技术、增添新设备、调整工作方式等，提高劳动生产率。例如，企业引进机器人参与生产流水线工作，可以大大降低对人力资源的需求；企业使用计算机信息系统来管理企业的数据库，也可以简化工作流程，降低对人力资源的需求。

（二）预期人力资源过剩时的对策

1.提前退休

组织可以适当放宽退休的年龄和条件限制，促使更多的员工选择提前退休。需要注意的是，退休还受政府政策、法规的限制。

2.自然减员

自然减员指的是当出现员工退休、离职等情况时，对空闲的岗位不进行人员补充而达到自然减少员工的目的。这样做可以通过不紧张的气氛减少组织内部的人员供给，从而达到人力资源方面的供需平衡。

3.临时解雇

临时解雇指的是企业的一部分员工暂时停止工作或离开工作岗位，企业在这段时间里不再向这部分员工支付工资，当经营状况改善后，让被临时解雇的员工重新回到企业工作的行为。在企业经济遭遇周期性下滑时，临时解雇是一种合理的缩减人员规模的策略。

4.裁员

裁员是一种无奈但有效的方式。一般裁减那些希望主动离职的员工和工作考核绩效低下的员工。但是，要注意的是，采取这种方法要十分谨慎，因为它不仅涉及员工本人及其家庭的利益，而且也会对整个社会产生影响。在裁员时，企业除了要遵守相关法律法规对企业裁员的规定，还要做好被裁员工的后续安抚工作。

5.工作分担

工作分担指的是由两个人分担一份工作，比如一个员工周一至周三工作，另一个员工周四至周五工作。一般是由于企业临时性的经营状况不佳，在不裁员的情况下实行工作分担制。待企业经营状况好转时，再恢复正常的工作时间。

6.重新培训

当企业人力资源过剩时，企业可以组织员工进行重新培训，这样可以避免员工因为没有工作做而无所事事，待企业经营状况好转或经营方向转变时，能够有充分的人力资源可以利用。

（三）预期人力资源总量平衡而结构不平衡时的对策

人力资源总量平衡而结构不平衡是指预测的未来一定时期内企业人力资源的总需求量与总供给量基本吻合，但是存在着某些职位的人员过剩，而另一些职位的人员短缺，或者某些技能的人员过剩，而另一些技能的人员短缺等情况。对于这种形式的人力资源供需失衡，企业可以考虑采用以下对策和措施进行调节。

第一，通过企业人员的内部流动，如晋升和调任，以补充那些空缺职位，满足这部分人力资源的需求。

第二，对于过剩的普通人力资源，进行有针对性的培训，提高他们的工作技能，使他们转变为人员短缺的岗位上的人才，从而补充到空缺的岗位上去。

第三，招聘和裁员并举，补充企业急需的人力资源，释放一些过剩的人力资源。

第三节　人力资源规划的实施

一、人力资源规划的执行

（一）规划任务的落实

人力资源规划执行的成功与否取决于组织全体部门和员工参与的积极性。通过规划目标和方案的分解与细化，每个部门和员工都可以明确自己在规划执行过程中的地位、任务和责任，从而促使规划的顺利执行。

1.分解人力资源规划的阶段性任务

通过设定中长期目标，使人力资源规划目标分解为每一阶段、每一年应该完成的任务，以确保所有的方案都能够在既定的时间内执行到位，也能使规划更容易实现，有利于规划在执行过程中的监督、控制和检查。此外，定期形成执行进展情况报告也有利于规划任务的落实。

2.人力资源规划任务落实到责任人

人力资源规划的各项任务必须由具体的人来执行，因此人力资源规划任务应落实到责任人，每一位员工都要明确自己在人力资源规划中所处的地位、所承担的责任。现代人力资源管理工作不仅仅是人力资源部门的任务，也是各部门经理的责任，人力资源规划也是如此。人力资源规划应有具体的部门或团队负责，可以考虑以下几种方式。

第一，由人力资源部门负责，其他部门与之配合。

第二，由某个具有部分人事职能的部门与人力资源部门协同负责。

第三，由各部门选出代表，组成跨职能团队负责。

在人力资源规划执行过程中，各部门必须通力合作而不是仅靠负责规划的部门推动，人力资源规划的执行同样也是各级管理者的责任。

（二）资源的优化配置

人力资源规划要想顺利执行，必须确保组织人员（培训人员和被培训人员）、财力（培训费用、培训人员脱岗培训时对生产的影响）、物力（培训设备、培训场地）等各项资源发挥最大效益，这就要求对不同的资源进行合理配置，从而促进资源的开发利用，并通过规划的执行使资源能够优化配置，提高资源的使用效率。

二、人力资源规划实施的控制

为了能够及时应对人力资源规划实施过程中出现的各种问题,确保人力资源规划的实施,有效避免潜在劳动力短缺或劳动力过剩,需要有序地对人力资源规划的实施进行控制。

(一) 确定控制目标

为了能对规划实施过程进行有效控制,首先需要确定控制的目标。控制目标既能反映组织的总体发展战略目标,又能与人力资源规划目标对接,反映组织人力资源规划实施的实际效果。在确定人力资源规划控制目标时,应该注意控制目标是一个体系,通常由总目标、分目标和具体目标组成。

(二) 制定控制标准

控制标准是一个完整的体系,包含定性控制标准和定量控制标准两种:定性控制标准必须与规划目标相一致,能够进行总体评价,如人力资源的工作条件、生活待遇、培训机会、对组织战略发展的支持程度等;定量控制标准应该能够计量和比较,如人力资源的发展规模、结构、速度等。

(三) 建立控制体系

有效地实施人力资源规划控制,必须有一个完整的、可以及时反馈的、可以准确评价和及时纠正的体系。该体系能够从规划实施的具体部门和个人那里获得规划实施情况的信息,并迅速传递到规划实施管理控制部门。

(四) 衡量、评价实施成果

该阶段的主要任务是将实施结果与控制标准进行衡量、评价,解决问题的方式主要有两种:一是提出完善现有规划实施的条件,使规划目标得以实现。二是对规划方案进行修正。当实施结果与控制标准一致时，无须采取纠正措施；当实施结果超过控制标准时，应该采取措施防止人力资源浪费现象的发生；当实施结果低于控制标准时，需要及时采取措施进行纠正。

（五）采取调整措施

当通过对规划实施结果的衡量、评价，发现结果与控制标准有偏差时，就需要采取措施进行纠正。该阶段的主要工作是找出引发问题的原因，如规划实施的条件不够、实施规划的资源配置不力等，然后根据实际情况采取相应的调整措施。

三、人力资源信息系统

人力资源规划作为一项分析与预测工作，需要大量的信息支持、有效的信息收集和处理。因此，企业进行人力资源信息管理工作具有重要意义。

（一）人力资源信息系统的概念

人力资源信息系统是企业进行有关员工的基本信息及工作方面的信息的收集、保存、整理、分析和报告的工作系统，为人力资源管理决策服务。人力资源信息系统对于人力资源规划的制定是非常重要的，并且人力资源规划的实施同样也离不开人力资源信息系统。

随着企业的发展，人力资源管理工作会越来越复杂，人力资源信息系统涉及的范围会越来越广，信息量也会越来越大，并会与企业经营管理等其他方面的信息管理工作相联系，成为一个结构复杂的管理系统。

（二）人力资源信息系统的内容

1.完备的组织内部人力资源数据库

其中包括企业战略、经营目标、常规经营信息，以及企业现有人力资源的信息。根据这些内容可以确定人力资源规划的框架。

2．企业外部的人力资源供给信息和影响这些信息的变化因素

例如，外部劳动力市场的行情和发展趋势、各类资格考试的信息变化、政府对劳动用工制度的政策和法规等，人力资源信息系统对这些信息的记录有利于企业分析其外部的人力资源供给情况。

3．相关的软硬件设施

相关的软硬件设施包括专业的技术管理人员、若干适合人力资源管理的软件和计量模型、高效的计算机系统和相关的网络设施等，这些是现代化的人力资源信息系统的物质基础。

（三）人力资源信息系统的功能

1．为人力资源规划建立人力资源档案

利用人力资源信息系统的统计分析功能，企业能够及时、准确地掌握企业内部员工的相关信息，如员工数量和质量、员工结构、人工成本、培训支出及员工离职率等，确保员工数据信息的真实性，从而有利于企业更科学地开发与管理人力资源。

2．通过人力资源档案制定人力资源政策和进行人力资源管理的决策

例如，晋升人选的确定、对特殊项目的工作分配、工作调动、培训，以及工资奖励计划、职业生涯规划和企业结构分析。

3．达到企业与员工之间建立无缝协作关系的目的

以信息技术为平台的人力资源信息系统，着眼于实现企业员工关系管理的自动化和协调化，可以使企业各层级、各部门间的信息交流更为直接、及时、有效。

（四）人力资源信息系统的建立

1．对系统进行全面规划

对人力资源信息系统进行全面规划需要做到以下几点：首先，要使企业的全体员工对人力资源信息系统的概念有一个充分的了解，保证人力资源管理部门对人力资源管理流程有一个清晰、完整的认识；其次，考虑人事资料的设计和处理方案；最后，做好系统开发的进度安排，建立完备的责任制度和规范条例等。

2.系统的设计

人力资源信息系统的设计包括：分析现有的记录、表格和报告，明确对人力资源信息系统中数据的要求；确定最终的数据库内容和编排结构；说明用于产生和更新数据的文件保存与计算过程；规定人事报告的要求和格式；决定人力资源信息系统技术档案的结构、形式和内容；提出员工工资福利表的形式和内容要求；确定企业其他系统与人力资源信息系统的接口要求。需要强调的是，在进行人力资源信息系统设计时，必须考虑企业的发展对系统的可扩展性和可修改性的要求。

3.系统的运行

人力资源信息系统的运行主要涉及以下几项工作：考察目前及以后系统的使用环境，找出潜在的问题；检查影响系统设计的计算机硬件和软件等约束条件；确定输入和输出条件要求、运行次数和处理量；提供有关实际处理量、对操作过程的要求及所需设施等资料；设计数据输入文件、事务处理程序；对人力资源信息系统的输入控制。

4.系统的评价

对人力资源信息系统进行评价要从以下几个方面着手：人力资源管理的成本；各部门对信息资料要求的满意程度；对与人力资源信息系统有关的组织问题提出建议的情况；机密资料安全保护的状况。

第三章　人力资源招聘

第一节　人力资源招聘概述

一、人力资源招聘的含义

人力资源招聘是建立在两项工作基础之上的：一是组织的人力资源规划；二是工作分析。人力资源规划确定了组织招聘职位的类型和数量，而工作分析可使管理者了解什么样的人应该被招聘进来填补职位空缺。这两项工作使招聘能够建立在比较科学的基础之上。

人力资源招聘，简称招聘，是招募与聘用的总称，是指在总体发展战略规划的指导下，根据人力资源规划和工作分析的数量与质量要求，制定相应的职位空缺计划，并通过信息发布和科学甄选，获得所需合格人员填补职位空缺的过程。其中，招募与聘用之间夹着甄选。

招聘，即企业为了发展的需要，根据人力资源规划和工作分析的要求，寻找、吸引那些既有能力又有兴趣到该企业任职的人员，并从中选出适宜人员予以录用的过程。招聘一般由主体、载体及对象构成。主体就是用人者，也就是招聘单位，一般派出招聘专员具体负责招聘工作的组织和实施；载体是信息的传播体，也就是招聘信息传播的各类媒介；对象则是符合标准的应聘者。

二、人力资源招聘的意义

（一）是企业人力资源管理工作的基础

企业有什么样的员工，在很大程度上决定了其在产品市场上有多高的地位和多大的优势。在当今社会，人才竞争的成败有时决定了企业的存亡。合理的招聘工作可以确保企业获得优秀的员工，保证企业员工队伍的良好素质，而高素质的员工可以帮助企业取得好的绩效成果。

人是一切管理工作的基础。招聘是企业人力资源管理工作的基础，这是由招聘工作的内容和劳动者在企业中的地位决定的。在整个人力资源管理体系中，招聘工作是一个基础环节，其他工作都是在招聘的基础上开展的，招聘工作做得好，就会形成一个相对良好的人力资源管理基础平台，使得后续工作得以高效开展。

有效的招聘工作具有以下几点作用。

第一，可以提高员工的满意度，降低员工的流失率。有效的招聘意味着员工与他的工作岗位及薪酬相适应，员工在企业从事的工作能给他带来成就感和满足感，进而会减少员工旷工、士气低落和员工流动现象。

第二，可以减少员工的培训负担。新招聘员工的基本情况，如素质的高低、技能和知识的掌握程度、专业是否对口等，对后期员工的培训及工作状况都有很大影响。素质较好、知识技能较高、专业对口的员工接受培训的效果通常较好，经培训后成为合格员工，创造高绩效的概率也相对较高。

第三，可以增强团队士气。组织中大多数工作不是由员工单独完成的，而是由多个员工共同组成的团队完成的。这就要求组织在配备团队成员时，要了解和掌握员工在认知和个性上的差异，按照工作要求合理搭配，使员工能够和谐相处，创造最大化的团队工作绩效。所以，有效的招聘管理会增强团队的士气，使团队内部员工能配合默契，愉快、高效地工作。

（二）有助于创造组织的竞争优势

有人认为，当今时代的市场竞争归根到底是人才的竞争。而对人才的获取是通过人才招聘这一环节来实现的。因此，招聘工作能否有效完成，对提高组织的竞争力、绩效和实现发展目标，均有重要影响。从这个角度来说，人力资源招聘是组织创造竞争优势的基础环节。

提供就业岗位是企业必须承担的社会责任，招聘是企业履行这一社会责任的必要过程。在招聘中坚持公开、公平、公正的原则，既是对企业负责，也是对社会负责。公开招聘信息，公正科学地选拔人才，保障求职者公平就业的权利，是企业应尽的社会责任，也是国家相关法律法规的明确要求。

对于企业而言，在招聘到所需的各种人才的同时，招聘也是企业向外界展现良好形象的重要途径。在招聘过程中，企业利用各种渠道和各种形式发布招聘信息，除了吸引更多的求职者，还能让外界更好地了解企业。有些企业以优厚的待遇和精心设计的招聘过程来表明企业对人才的渴求和重视，同时也显示了企业的实力。

（三）是企业获取人力资源的重要环节

当企业处于不同的发展阶段时，企业面临的竞争环境会改变，企业的竞争战略会调整，企业对人力资源的需求也会发生变化。

对于新成立的企业，人员的招聘和选拔是企业成败的关键。企业在发展的任何时期，都会需要不同类型、不同数目的人才，这是企业持续发展的保证。即使在企业生命的成熟期或衰退期，也需要调整人力资源的结构，以保证人力、物力和财力形成最佳组合。招聘的对象是人才，招聘为企业带来的是人力资源，如果企业无法招聘到合适的员工，企业不仅无法获得人力资源，还会在资金、时间、人力、物力等方面产生浪费。

组织的人力资源状况处于变化之中，组织内人力资源向社会的流动、组织内部的人事变动（如员工的升迁、降职、退休、死亡、离职等），都可能导致组织人员的变动。同时，组织有自己的发展目标与规划，组织成长过程也是人力资源拥有量的扩张过程。

上述情况意味着组织的人力资源总是处于稀缺状态，需要经常补充。因此，通过市场获取所需人力资源成为组织的一项经常性任务，人力资源招聘也就成了组织补充人员的重要途径。

只有招聘到符合企业发展目标，能够促进企业发展的人才，企业才具备利用物质资源的能力，从而正常运作。对于已处于运作阶段的企业，由于需要应对外部环境的不断变化，招聘工作仍是一项关键性工作。企业在运作过程中，仍需要持续地获得符合企业需要的人才，从而保证自己在激烈的竞争中立于不败之地。因此，员工招聘是企业的一项经常性工作，是获取人力资源的关键环节。

（四）有利于企业树立良好的形象

研究结果显示，招聘过程的质量会明显地影响应聘者对企业的看法。许多经验表明，人力资源招聘既是吸引、招募人才的过程，又是向外界宣传企业形象、扩大企业影响力、提升企业知名度的一个窗口。应聘者可以通过招聘过程了解企业的组织结构、经营理念、管理特色、企业文化等。尽管人力资源招聘不是以树立企业形象为目的的，但招聘过程客观上具有这样的功能，这是企业不可忽视的一个方面。招聘过程中信息是否能真实传递，将直接影响着应聘者进入企业以后的流动性，有效的招聘既能使企业得到所需人员，也为人员的保持打下基础，有助于减少由于人员流动过于频繁而带来的损失，并有助于营造企业内的良好氛围，如能增强企业的凝聚力、提高士气、增强员工对企业的忠诚度等。

企业招聘往往面向外部，通常采用人才招聘会、校园招聘、媒体宣传等手段展开招聘工作，每一次招聘都会给企业带来一定的社会影响力。从企业招聘工作中可以看出一个企业对人才的重视程度，可以展现企业对员工的关怀，有助于企业树立良好的社会形象。良好的社会形象会使企业吸引更多优秀的人才，并可能因此取得业绩上的突破。

三、人力资源招聘的原则

（一）人事相宜原则

在选聘员工时，企业必须根据其人力资源规划的用人需求及工作分析得出的任职资格要求，运用科学的招聘方法和程序开展招聘工作，并坚持能岗匹配和群体相容的原则，做到人事相宜。简单地说，就是企业要根据各个岗位的性质选聘相关的人员，并且要求工作群体内部能保持最高的相容度，从而形成群体成员之间心理素质、能力、技能的互补关系，获得群体优势。

坚持人事相宜原则，必须克服两种倾向：一是在选聘人员时，不顾职位的资格要求，降低标准选人，造成人与岗位不匹配；二是一味追求素质最高、质量最好，超出岗位资格要求的人才。

员工的选聘应以实际工作需要和岗位空缺情况为出发点，以岗位对人员的实际要求为标准，根据岗位对任职者的资格要求选拔录用各类人才。遵循因事择人原则，一方面有利于避免出现因人设岗带来的人浮于事、机构臃肿现象；另一方面可以使员工与岗位相匹配，做到人尽其才，避免人才浪费现象。

（二）双向选择原则

企业要根据自身发展和岗位的要求，实事求是地进行宣传，劳动者则根据自身能力和意愿，结合劳动力市场供求状况，自主选择职业。

双向选择原则一方面能使企业不断提高效益，改善自身形象，增强自身吸引力；另一方面还能使劳动者为了获得理想的职业，努力提高自身的知识水平和专业素质，在招聘竞争中取胜。

（三）公开、公平、公正原则

企业招聘应贯彻公开、公平、公正原则，使整个招聘工作在社会监督之下开展。公开就是要公示招聘信息、招聘方法，这样既可以防止出现以权谋私、假公济私的现象，又能吸引大量应聘者。公平、公正就是要确保招聘制度给予应聘者平等的机会。

遵循公开、公平、公正原则，可以有效防止不正之风，为有志之士、有才之人提供平等的竞争机会。企业应将招聘信息、招聘方法公之于众，如此一方面可以吸引大批应聘者，招到相对合适的人才；另一方面也可以将员工的招聘工作置于公众监督之下，以防不良之风。

在招聘过程中，企业对应聘者应当一视同仁，坚持任人唯贤、择优录取的原则，以严格的标准、科学的方法，对应聘者进行全面考核，这样既可以为组织选出优秀人才，提供可靠、及时的人力保障，又可激励其他员工积极向上，树立良好的企业形象。

（四）合法性原则

招聘的首要原则是合法性原则，企业招聘过程一定要符合国家相关法律和政策的规定，如禁止未成年人就业，不得有就业歧视，不得发布虚假信息，如实告知劳动者相关信息等法律规定。违反法律的招聘行为将给企业带来巨大的损失，影响企业形象，甚至引发法律纠纷。因此，企业一定要在遵守法律的基础上制定企业的招聘策略。

（五）内部优先原则

为内部员工提供晋升的机会，可对现有员工起到积极的推动作用。此外，如果从企业内部选调员工，员工适应工作的速度也相对更快。

但内部招聘也有消极的一面。如果大部分主要工作岗位的招聘都内部优先的话，必然会导致公司的人际关系复杂化，员工之间的矛盾加剧等后果。所以招聘工作在内部优先的同时，也要做到内外兼顾。

（六）效率优先原则

企业的员工招聘必须以确保企业的经济效益为目标，招聘计划要以企业的需要为依据，以保证经济效益的提高为前提。因此，在招聘的时候不仅要考虑人员的素质，还要考虑报酬因素，综合分析对企业现在和将来经济效益的影响。坚持"可招可不招时，尽量不招；可少招可多招时，尽量少招"的原则，用尽可能低的招聘成本录用到最佳人选。不管组织采用何种方法招聘，都需要支付费用，这就是雇佣成本。雇佣成本主要包括招聘广告费用，对应聘者进行审查、评价和考核的费用等。一个好的招聘系统，表现在效益上就是用最少的雇佣成本招聘到适合职位的最佳人选，即符合效率优先原则。

四、影响招聘的因素

招聘活动的实施往往受到多种因素的影响，为了保证招聘工作的效果，在规划招聘活动之前，应对这些因素进行综合分析。归纳起来，影响招聘活动的因素主要有外部影响因素和内部影响因素两大类。

（一）外部因素

1.有关法律、法规和政策

国家和地方的有关法律、法规和政策，是约束企业招聘行为的重要因素，从客观上界定了招聘活动的外部边界。以《中华人民共和国劳动法》为准绳，我国已经颁布了一些与招聘有关的法律、法规和政策。

2.劳动力市场

在劳动力市场上，劳动者的供需情况会对企业招聘产生一定的影响。特别是外部招聘，主要是在外部劳动力市场进行的，因此市场的供求状况会影响招聘的效果，当劳动力市场的供给小于需求时，组织吸引人员就会比较困难；相反，当劳动力市场的供给大于需求时，组织吸引人员就会比较容易。

通常，不同类型人员的供求状况存在很大差异。一般情况下，招聘岗位所需的技能要求越低，市场的供给就越充足，招聘工作相对容易。招聘岗位所需条件越高，劳动力市场的供给就越不足，招聘工作就相对比较困难。

除此之外，劳动力分布情况随着时间、季节等因素的影响，也在不断发生变化。例如春节期间，我国一般较容易发生用工荒的问题，此时企业招聘工作相对困难，而在大学生毕业期间，企业招聘工作相对容易。

3.经济发展水平

外部经济发展水平主要包括两个方面：一是招聘单位所在地区的经济发展水平；二是竞争对手的经济发展水平。

我国经济发展的不平衡造成了各地区人才分布的不平衡：在经济发达地区，各类人才相对集中，企业招聘相对容易；在经济欠发达地区，人才纷纷外流，企业招聘的难度也会增加。除此之外，竞争对手的经济实力也会对企业招聘工作产生一定影响，在招聘时，企业要尽可能多地了解竞争对手的实力，这样才能提高企业的招聘效率。

（二）内部因素

1.招聘政策

企业的相关政策对招聘活动有直接的影响，企业在进行招聘时一般有内部招聘和外部招聘两个渠道，选择哪个渠道往往取决于企业的政策。企业的政策安排决定着招聘政策和招聘活动。一些大型企业由于工作岗位较多，一旦出现岗位空缺，多倾向于内部招聘，以便为员工提供更多的工作轮换机会和晋升机会，为员工发展创造空间。有些企业可能倾向于外部招聘。在外部招聘中，企业的政策也会影响招聘来源，有些企业喜欢在学校进行招聘，而有些企业更愿意在社会上进行招聘。

2.企业形象

一般来说，企业在社会上的形象越好，越有利于招聘活动的开展。良好的企业形象会对应聘者产生积极的影响，引起他们对企业空缺职位的兴趣，从而提升招聘的效果。

3.企业的发展战略

企业的发展战略决定了企业对人力资源的需求状况。当企业处于快速发展时期，谋求进一步发展时，对人力资源的需求较大；当企业在市场中处于劣势，发展较为困难时，对人力资源的需求相对较少。

4.职位性质

空缺职位的性质决定了招聘什么样的人,以及到哪种劳动力市场进行招聘。企业可以让应聘者了解该职位的基本情况和任职资格,便于应聘者进行求职决策。

5.招聘预算

由于招聘活动必须支出一定的资金,因此组织的招聘预算对招聘活动有着重要的影响。充足的招聘资金可以使组织选择更多的招聘方法,扩大招聘的范围;相反,有限的招聘人力资源管理资金会使组织进行招聘时的选择大大减少,这会对招聘效果产生不利的影响。

第二节 人力资源招聘的过程

一、准备阶段

人力资源是企业最重要的资源,招聘是企业与潜在的员工接触的第一步,人们通过招聘环节了解企业,并最终决定是否为它服务。从企业的角度看,只有对招聘环节进行有效的设计和良好的管理,才能得到高素质的员工。但是,如果高素质的员工不知道企业的人力需求信息,或者虽然知道相关信息但是对其不感兴趣,或者虽然有些兴趣但是申请职位的意愿并不强烈,那么企业就没有机会选择这些员工。

招聘方法取决于劳动力市场、工作空缺的类型和组织的特征等多种因素,但是不管怎样,以下四个问题是人力资源部门在制定招聘策略时必须牢记的:第一,开展招聘工作的目标;第二,需要招到怎样的员工;第三,需要工作申请人接收到什么样的信息;第四,这些信息怎样才能最好地传达给工作申请人。

准备阶段的主要任务包括确定招聘需求、明确招聘工作特征和要求、制定招聘计划和招聘策略等。确定招聘需求工作就是要准确地把握有关组织对各类人员的需求信息，确定人员招聘的种类和数量。具体步骤如下。

①由公司的各部门根据长期或短期的实际工作需要，提出人员需求。

②由人力资源部门填写人员需求表。每个企业可根据具体情况制定不同的人员需求表，但必须依据工作描述或工作说明书制定。一般来说，人员需求表包括所需人员的部门、职位；工作内容、责任、权限；所需人数；人员基本情况（年龄、性别等）；要求的学历、经验；希望的技能、专长；其他需要说明的内容。

③由人力资源部审核，对人力需求及资料进行审定和综合平衡，对有关费用进行评估，提出是否受理的具体建议，报送主管部门审批。

经批准确定的人员需求由人力资源部制定招聘录用计划。制定人员招聘录用计划为组织人力资源管理提供了一个基本的框架，尤其为人员招聘录用工作提供了客观的依据和实用的方法，能够避免人员招聘录用过程的盲目性和随意性。

招聘计划一般包括人员需求清单、招聘信息发布的时间和渠道、招聘人选、招聘者的选择方案、招聘地点、招聘的截止日期、新员工的上岗时间、招聘费用预算、招聘工作时间表等。招聘策略是招聘计划的具体体现，是为实现招聘计划而采取的具体策略。在招聘中，必须结合本组织的实际情况和招聘对象的特点，为招聘计划注入活力，这就是招聘策略。招聘策略包括招聘地点策略、招聘时间策略、招聘渠道策略及招聘中的组织宣传策略等。

除此之外，有效的招聘计划，离不开对招聘环境的分析。对招聘环境的分析，既包括对企业外部环境的分析，如对经济环境、劳动力市场及法律法规等的分析，又包括对企业内部环境的分析，如对企业的战略规划和发展计划、财务预算、组织文化、管理风格等的分析。

二、实施阶段

招聘工作的实施是整个招聘活动的核心，也是关键的一环。实施阶段又可以分为招募、甄选、录用三个阶段。

（一）招募阶段

招聘计划是在人力资源计划基础上产生的。企业发现有些职位空缺需要有人来填补，就会提出员工招聘的要求。制定招聘计划是项复杂的工作，大型企业常聘请企业外部的人力资源问题专家负责这项工作，小型企业通常由人力资源部的人员负责。

企业在做出招聘计划后，就可进行招聘信息发布工作。企业在发布招聘信息时，必须遵循一定的原则：第一，及时原则。招聘信息必须及时发布，这样可以使招聘信息尽早地向社会公布，有利于更多的人获取信息，使应聘人数增加。第二，面广原则。接收到信息的人越多，面越广，应聘的人也就越多，这样招聘到合适人选的概率也越大。第三，层次原则。招聘时要根据招聘岗位的特点，向特定层次的人员发布招聘信息。

（二）甄选阶段

甄选是指组织从人、事两个方面出发，使用恰当的方法，从众多的候选人中挑选出最适合职位的人员的过程。在比较、选择的过程中，不能仅仅进行定性比较，应尽量以工作岗位职责为依据，以科学、具体、定量的客观指标为准绳，在众多的求职简历中筛选人才。规范的企业有详细的岗位说明书，岗位说明书中的岗位描述和岗位要求是筛选简历的第一依据。简历与岗位说明书的匹配度越高，应聘者获得面试的概率也越高。应聘者在简历中需要满足的基本条件有受教育程度、专业背景、相关工作经验、相关技能。除此之外，简历的排版书写也是筛选的一项内容。只有在申请数量非常有限时，简历的筛选才会适度放宽条件。

对应聘人员的选拔是招聘过程中的重要步骤。选拔的方法主要有笔试、面试、情景模拟测试等。需要强调的是，这些方法经常结合使用。其中，面试是目前应用最为广泛、发展最为成熟的一种选拔方法。在面试的过程中，招聘者要尽可能多地了解应聘者的各种信息，包括应聘者的工作经历、受教育程度、家庭背景、求职动机、性格等。

（三）录用阶段

录用是依据选择的结果作出录用决策并对新招聘员工进行安置的活动，主要包括作出录用决策、发录用通知、办理录用手续，以及对新招聘员工的初始安置、试用、正式录用等内容。在这个阶段，招聘者和求职者都要作出自己的决策。

经过简历筛选、面试等环节后，企业基本能够确定候选人。但在与候选人签订录用合同前，还必须对候选人进行背景调查及学历认证，主要是考察应聘者是否达到学历要求，过去的工作经历如何，是否有违法犯罪或者违纪等不良行为。一般来说，调查通常会由浅入深，主要采取电话（互联网）咨询、问卷调查和面对面访谈等形式，必要的时候，企业还可向学校的学籍管理部门、应聘者历任雇佣公司的人事部门、档案管理部门进行公函式调查，以得到真实可靠的消息。如果应聘者的背景调查及学历认证均无问题，那么企业就可以向其发出录用通知。

三、评估阶段

一般企业在一次招聘工作结束之后，要对整个招聘工作进行总结和评价，主要是对招聘结果、招聘的成本和效益，以及招聘方法进行评估，并将评估结果撰写成评估报告或工作总结，为下一次招聘提供借鉴。

对招聘活动的评估主要包括两个方面：一是对照招聘计划，对实际招聘录用的结果进行评价总结（通常从数量和质量两个方面总结）；二是对招聘工作的效率进行评估，主要是对时间效率和经济效率（招聘费用）进行招聘评估，以便及时发现问题，分析原因，寻找对策，及时调整有关计划，并为下次招聘总结经验教训。

第三节　人力资源招聘渠道与方法

一、招聘渠道

（一）内部招聘

企业进行员工招聘的渠道一般有两种，即内部招聘和外部招聘。内部招聘是指在企业内部通过晋升、竞聘或人员调配等方式，由企业内部的人员来弥补空缺职位。企业内部招聘和人才选拔机制的确立，有利于企业留住核心人才，形成人力资源内部的优化配置，也有利于员工的职业生涯发展。

内部招聘对企业而言，有很多优点。首先，内部招聘可以使企业获得自己相对熟悉的员工，不必再花费很大力气去认识和了解新员工。其次，这些应聘者对企业的状况及空缺职位的性质相对比较了解，适应岗位的效率也相对更高。再者，一般而言，内部招聘的员工比外部招聘员工的离职率要低，长期服务企业的可能性也相对大一些。当然，如果企业仅仅采用内部招聘的做法，久而久之会出现思维僵化等弊病，难以适应市场需要。

（二）外部招聘

外部招聘是指从企业外部获取符合空缺职位工作要求的人员来弥补企业的人力资源短缺，或为企业储备人才。当企业内部的人力资源不能满足企业发展的需要时，则应进行外部招聘。从外部招聘的人员可以为组织带来新的思维模式和新的理念，有利于组织的创新。

二、招聘方法

（一）内部招聘的方法

1.内部晋升或岗位轮换

内部晋升是指企业内部符合条件的员工从现有的岗位晋升到更高层次岗位的过程。岗位轮换是指企业有计划地按照大体确定的期限，让员工轮换担任若干种不同工作的人才培养方式。企业中绝大多数工作岗位的空缺是由公司的现有员工填充的，因此公司内部是最大的招聘来源。

内部晋升和岗位轮换需要建立在系统的职位管理和员工职业生涯规划管理体系的基础之上。首先，要建立一套完善的职位体系，明确不同职位的关键职责、职位级别、职位的晋升轮换关系，指明哪些职位可以晋升到哪些职位，哪些职位之间可以进行轮换。其次，企业要建立完善的职业生涯管理体系。在每次绩效评定的时候，企业要对员工的工作目标完成情况及工作能力进行评估，建立员工发展档案。同时，企业要了解员工个人的职业发展愿望，能够根据员工意愿及发展可能性进行岗位的有序轮换，并提升有潜力的业绩优秀的员工。

2.内部公开招聘

在公司内部有职位空缺时，可以通过内部公告的形式进行公开招聘。一般的做法是在公司的内部主页、公告栏或以电子邮件的方式通告全体员工，符合条件的员工可以根据自己的意愿自由应聘。这种招聘方法能够给员工提供一个公平竞争的机会，能使企业内最合适的员工有机会从事该工作，有利于调动员工的积极性。但是，这种方法若采用不当，会影响企业内部的稳定性，影响落选员工的工作积极性和工作表现。为保证招聘的质量，对应聘内部招聘岗位的员工需要有一定的条件限定，鼓励工作负责、成绩优秀的员工合理流动。同时，参加内部应聘的员工也要像外部招聘的候选人一样接受选拔评价程序，对于经过选拔评价符合任职资格的员工才能予以录用。

3.内部员工推荐

当企业内部出现职位空缺时，不仅要鼓励内部员工应聘，还要鼓励员工为公司推荐优秀人才。这里包含了两个方面的内容：一是本部门主管对员工的推荐；二是内部员工的评价推荐。主管对本部门员工的工作能力有较为全面的了解，通常当部门主管有权挑选或决定晋升人选时，他们会更关注员工的工作细节和潜在能力，会在人员培养方面投入更多的精力。但主管推荐很难不受主观因素的影响，多数员工会质疑这种方式的公平性，因此主管推荐还应与员工评价相结合，从而保证推荐工作的客观性和公正性。为了保证内部推荐的质量，企业还必须对推荐者的推荐情况进行跟踪和记录，以确保推荐的可靠性。

内部补充机制有很多优点：第一，得到升迁的员工会认为自己的才干得到组织的承认，因此其积极性和绩效都会有所提高；第二，内部员工比较了解组织的情况，适应新的工作岗位所需要的指导和训练相对较少，离职的可能性也相对较低；第三，提拔内部员工可以提高所有员工对组织的忠诚度，使他们在制定管理决策时，能做比较长远的考虑。

内部补充机制也有缺点：第一，那些没有得到提拔的应征者会不满，因此企业需要做解释和鼓励工作；第二，当新主管从同级的员工中产生时，工作集体可能会产生不满情绪，这使新主管不容易建立领导声望；第三，如果组织已经有了内部补充的惯例，当组织出现创新需要而急需从外部招聘人才时，就可能遇到现有员工的抵制，损害员工工作的积极性。

4.临时人员转正

企业由于岗位需要会雇佣临时人员，这些临时人员也是补充职位空缺的来源。当正式岗位出现空缺，而临时人员的能力和资格又符合空缺岗位的任职要求时，企业可以考虑将临时人员转正，以补充空缺。

（二）外部招聘的方法

1.发布招聘广告

所谓招聘广告，即将企业有关岗位招聘的信息刊登在适当的媒体上，如报纸、杂志、电视、网站等，这是一种最为普遍的招聘方式。发布招聘广告是补充各种工作岗位都可以使用的方法，应用非常普遍。阅读这些广告的不仅有工作申请人，还有潜在的工作申请人，以及客户和潜在的客户，所以企业的招聘广告代表着企业的形象，企业需要认真对待。

招聘广告刊登的内容一般包括对公司的简单介绍，岗位需求，对申请人资历、学历、能力等的要求。企业使用广告作为吸引工具有很多优点。第一，职位空缺的信息发布迅速，能够在较短时间内就传达给外界；第二，广告渠道的成本相对较低；第三，在广告中可以同时发布多种类别工作岗位的招聘信息；第四，广告发布方式可以给企业保留许多操作上的优势，这体现在企业可以要求申请人在特定的时间段，前往企业面试，或向企业的人力资源部门邮寄自己的简历等资料。缺点是企业对应聘者信息的真实性较难辨别，成本较高。

2.服务机构和猎头公司

服务机构是指帮助企业挑选人才，为求职者推荐工作单位的组织，根据举办方的性质可分为公共就业服务机构和私人就业服务机构。公共就业服务机构是由政府举办，向用人单位和求职者提供就业信息，并帮助解决就业困难的公益性组织（如我国各地市人事局下设的人才服务中心）。随着人力资源流动的频繁，我国也出现了大量的私人就业中介机构。除提供与公共就业机构相同的服务外，私人就业结构更侧重于为企业提供代理招聘的服务。这类就业服务机构主要适用于招聘初级人才、中高年龄人才和一些技术工人。经就业服务机构推荐的人员一般经过了这些机构的筛选，因此招聘成功率相对较高，上岗效果也相对较好；一些规范化的交流中心还能提供后续服务，使招聘企业感到放心。

猎头公司是一种与职业介绍机构类似的就业中介组织，但是由于它具有特殊的运作方式，服务对象也有一定的特殊性，故而被许多人看作一种独立的招聘渠道。一个被人们广泛接受的看法是，那些最好的人才已经处于就业状态，猎头公司是一种专门为雇主搜捕和推荐高级主管人员和高级技术人员的公司。猎头公司的联系面很广，而且猎头特别擅长接触那些正在工作并对更换工作还没有很强的积极性的人。它可以帮助公司的管理者节省很多招聘和选拔高级主管等专门人才的时间。猎头公司是依靠猎取社会所需的各类高级人才而生存、获利的中介组织，猎头主要招聘那些工作经验比较丰富、在行业中和相应岗位上比较难得的尖端人才，但通常收费比较高。

3.校园招聘

当企业需要招聘财务、计算机、工程管理、法律、行政管理等领域的初级水平的员工，或企业需与培养和储备专业技术人才和管理人才时，校园招聘是达到其招聘目的的最佳方式。

校园招聘的主要方式是张贴招聘广告、设摊摆点招聘、举办招聘讲座、参加校园招聘会，以及学校推荐等。在整个过程中，招聘者要熟悉招聘应届毕业生的流程和时间限制，特别要注意加强与高校就业指导部门的联系，办理好接收应届毕业生的相关人事手续。校园招聘的应聘者一般是应届大学生，他们普遍是年轻人，工作经验少，可塑性强，经过一定培训后，大部分能较快地熟悉业务。

需要注意的是，由于毕业生缺乏工作经验，企业在岗位培训上的成本相对较高，且不少学生由于刚步入社会，对自己的定位还不清楚，流动性也相对较大。此外，毕业生，特别是优秀的毕业生很可能同时被多家企业录用，有时会出现违约的现象，这也使得企业进行校园招聘的成本比较高。

4.人才交流会

随着人力资源市场的建立和发展，人才交流会成为重要的招聘形式。通常人才交流会是由有资格的政府职能部门或下属机构主办，有明确的主题，专门针对一个或少数几个领域开展的人才交流活动。人才交流会的主要目的就是为企业和应聘者牵线搭桥，使企业和应聘者可以直接进行接洽和交流。这样既节省了企业和应聘者的时间，还可以为招聘负责人提供不少有价值的信息。这种方法对招聘通用类专业的中级人才和初级人才比较有效。

由于应聘者集中，人才分布领域广泛，企业的选择余地较大。企业通过人才交流会，不仅可以了解当地人力资源的总体情况，还可以了解同行业其他企业的人事政策，而且招聘费用比较少，招聘周期较短，招聘工作量较小，能尽快招聘到所需人才。

5.网络招聘

网络招聘是指通过技术手段，帮助企业完成招聘的过程，即企业通过公司自己的网站、第三方招聘网站等途径，使用简历数据库或搜索引擎等工具来完成招聘的一种方式。

网络招聘已逐渐成为人员招聘中非常重要的一种方式。数以万计的专门求职招聘网站、大型门户网站的招聘频道和网上人才信息数据库等成为新兴的人才市场。网络招聘的兴起不仅是因为其成本低廉，更重要的是因为网络招聘是现存各种招聘方式中最符合未来社会人才高速流转要求的，而且随着网络音频、视频技术的飞速变革，网络招聘缺乏立体感的死结也将打开，应该说网络招聘的前景十分广阔。不过，在进行网络招聘时，要警惕和排除虚假信息，以免影响企业招聘的效益和效率。

综上所述，企业在进行招聘时必须使潜在的工作申请人知道存在的工作机会。在现实的招聘实践中，企业选择的招聘方式在很大程度上取决于企业过去的经验。原则上，企业所选择的招聘渠道应该能够保证企业以合理的成本吸引到足够数量的高质量的工作申请人。

第四节　人员甄选

一、人员甄选的含义

所谓人员甄选，是用人单位在招募工作完成后，根据用人条件和用人标准，运用适当的方法和手段，对应聘者的任职资格和胜任程度进行系统客观的测量、评价和判断的过程。

成功的招募能为组织吸引足够的候选人，通过素质测评可以进一步明确应聘者的工作能力，而员工甄选就是要从这些候选人中挑选出最适合空缺职位的人，以实现人员和职位的最佳匹配的活动。候选人的任职资格和对工作的胜任程度主要包括其与工作相关的知识和技能、能力水平和倾向、个性特点和行为特征、职业发展趋向、工作经验等。

二、人员甄选的意义

（一）有利于人员的安置和管理

通过员工甄选可以掌握员工素质指标的高低，在安置的时候可以取长补短、扬长避短，按照每个人的特点，将其安置在适合的工作岗位上，从而做到人职匹配、人尽其才。另外，主管人员在录用员工之前，应了解员工的特点，这有助于在今后的管理中针对员工的特点实施管理。

（二）降低人员招聘的风险

通过各种人员测评方法对候选人进行甄选，可以了解一个人的能力、个性特点、工作风格等与工作相关的素质，从而得出一些诊断性的信息，分析该候选人是否能够胜任工作。通过甄选，找到符合职位要求的人，可以降低由于雇佣不胜任的人员而带来的风险。

（三）为员工的预测与发展奠定基础

企业招聘一个员工，不仅要看到他目前与职位相适应的情况，还需要预测他未来发展的可能性。了解了员工的发展潜能，一方面可以为其制定职业发展规划，另一方面可以为其提供适当的培训与提升的机会。

三、人员甄选的内容

人员甄选不应只以应聘者的学历、经历等"表面文章"为依据，还应关注应聘者是否具有岗位和企业发展所需要的能力，能否在企业实现长远的发展。人员甄选主要从以下方面进行测量和评价。

（一）能力

能力是引起个体绩效差异的持久性的个人心理特征。例如，语言表达能力方面的差异是导致教师工作绩效出现差异的重要原因。

能力可以分为一般能力与特殊能力。一般能力是指在不同活动中表现出来的一些共通能力，如记忆能力、想象能力、观察能力、注意能力、思维能力、操作能力等。这些能力是完成任何一种工作都不可缺少的。特殊能力是指在某些特殊工作中所表现出来的能力，如设计师需要具有良好的空间知觉能力及色彩辨别力，管理者要有较强的人际交往能力、分析能力等。

对应聘者一般能力的测试可以使用一些量表，如智商测试量表等。专业技能方面的测试则可以通过实际操作进行，如招聘文秘可以测试应聘者打字、速记、起草公文等能力。

（二）知识

知识是系统化的信息，可分为普通知识和专业知识。普通知识也就是我们所说的常识，专业知识是指特定职位所要求的特定的知识。在员工甄选过程中，专业知识通常占主要地位。应聘者所拥有的文凭和一些专业证书可以证明他所掌握的专业知识的广度和深度，如计算机等级证书、英语等级证书等。知识的掌握可分为记忆、理解和应用三个不同的层次，会应用所学知识的应聘者才是企业真正需要的。所以，人员甄选不能仅以文凭为依据判断候选者掌握知识的程度，还应通过多种方式进行考察。

（三）个性

每个人为人处世总有自己独特的风格，这就是个性的体现。个性是指个人相对稳定的特征，这些特征决定着特定的个人在各种不同情况下的行为表现。个人的个性与其工作绩效密切相关。例如，性格急躁的人不适合做需要耐心的精细工作，而性格内向、不擅长与人打交道的人不适合做公关工作。检测个性特征常采用自陈式量表和投射测验。

（四）动力

员工要取得良好的工作绩效，不仅取决于其知识、能力水平，还取决于其做好这项工作的意愿是否强烈。员工的工作动力来自企业的激励系统，但这套系统是否起作用，最终取决于员工的需求结构。

在动力因素中，最重要的是价值观，具有不同价值观的员工对不同企业文化的认可程度不一样，企业的激励系统对他们的作用效果也不一样。所以，企业在招聘员工时，有必要对应聘者的价值观等动力因素进行测试，通常采用问卷测量的方式。

四、人员甄选的方法

近年来随着人力资源测评技术的应用与发展，人员甄选方法也在不断地完善与发展，常用的方法有初步筛选。

对应聘者进行的初步筛选通常是通过调查个人简历或者让求职者填写工作申请表来完成的。在求职者众多、面试成本压力大的情况下，填写工作申请表与个人简历的筛选方法可以帮助组织剔除大量不符合要求的员工。由于工作申请表与简历的制作主体不同，企业甄选的技巧也不同。

（一）简历

简历是求职者就本人经历、受教育状况和技能向企业提供的简要文字介绍，是企业筛选人才的第一道关口，也是求职者找工作的敲门砖。简历一般由求职者递交给企业，由企业人力资源部或招聘部门进行评价。在大多数企业的招聘活动中，要先通过应聘者提供的简历对应聘者作出初步判断。查看简历可以简便快捷地掌握应聘者的一些基本信息，同时将应聘者的数量缩小到能够控制的范围内。

简历的优点在于形式灵活，有利于求职者充分进行自我表达。但由于缺乏规范性，简历的内容随意性较大，不能系统、全面地提供企业所关注的信息。另外，个人简历还有可能存在自我夸大的倾向，需要招聘组织对应聘者所提供的信息予以核实。筛选个人简历的技巧主要有以下六点。

第一，分析简历结构。简历结构在很大程度上反映了应聘者的组织和沟通能力。结构合理的简历通常比较简练，一般不会超过两页，重点内容一目了然，语言简洁流畅。

第二，审查客观内容。简历可以分为主观内容和客观内容两部分。主观内容往往存在夸大或虚假成分，招聘者应对此谨慎分析和判断，在筛选简历时要重点关注客观内容，如个人信息、受教育经历、工作经历和个人成绩等方面。

第三，判断是否符合岗位技术和经验要求。从简历中的一些信息可以看出应聘者的专业资格和经历是否符合岗位要求，是否掌握其他相关技能。

第四，审查简历逻辑性。简历的逻辑性一方面可以反映应聘者的思维能力，另一方面招聘者可以从中挖掘出一些相互矛盾的信息。例如，某些简历中，应聘者列举了自己在很多大公司的高级岗位上工作的经历，且获得了优异的成绩，但他目前应聘的却是一个对能力要求并不高的岗位。招聘者应对这类矛盾的信息加以注意，但如果发现不妥之处，也不要对应聘者妄下结论，可以多准备一些问题向应聘者提问。

第五，对简历的整体印象。招聘者通过阅读简历能够对该应聘者形成初步印象。如果招聘者对简历中的有些信息感兴趣或者存在疑问，要及时标出来，以便在面试时向应聘者进一步询问。

第六，注意从个人简历附信中获得有价值的东西。招聘者要仔细阅读简历的附信，并进行评估。要注意职业特征、独创性和总体印象。其中，附信是申请人经过精心考虑写给公司的信，不同于应聘者寄出的一般的信件。从另一个角度来看，一个求职者认真地给公司写求职信，也表达了他希望能被公司聘用的心情。

（二）工作申请表

工作申请表是企业针对申请人所申请的职位要求与申请人个人条件之间的匹配关系所设计、制作的特殊表格。精心设计的申请表可以系统、详细地提供企业所关注的信息。所以很多企业在进行员工甄选活动时，会先让求职者填写工作申请表，这样企业不仅能够得到所需要的信息，还可以提高筛选效率。

无论何种形式的申请表，一般来讲，应至少包含以下五个方面的信息。一是有关申请人的基本信息，如姓名、年龄、性别、电话、婚姻状况等；二是求职岗位的情况，如求职岗位、求职要求（薪酬、待遇、工作时间等）；三是申请人过去的工作经历与经验，如工作经历、离职的原因、在过去工作中所取得的成绩、所担任的职务、所获得的奖励；四是教育和培训情况，如学历、学位、所接受过的教育等；五是生活、家庭和个人健康情况，如家庭成员的关系、个人的健康状况等。

第四章 员工的培训与开发

第一节 培训与开发概述

一、培训与开发的含义

培训与开发是指企业为实现经营目标和员工个人发展目标而有计划地组织员工进行学习和训练，以改善员工的工作态度、增加员工的知识、提高员工的技能、激发员工的创造潜能，进而保证员工能够按照预期标准或水平完成所承担或将要承担的工作和任务的人力资源管理活动。

培训是企业实施的有计划的、连续的、系统的学习行为或训练过程，目的是改变或调整受训员工的知识、技能、态度、思维、观念、心理，从而提高员工的思想水平及行为能力，使员工具有适当的能力处理其所担任的工作，迎接将来工作中的挑战。员工培训是企业有计划地实施有助于员工学习与工作相关能力提高的活动，使员工在现在或未来工作岗位上的工作表现达到企业的要求。这些能力包括知识、技能和对工作绩效起关键作用的行为。

员工培训属于继续教育的范畴，具有六个方面的特征：

一是广泛性。对于员工培训而言，决策层的管理者需要接受培训，一般员工也需要接受培训。培训内容涉及企业经营活动或将来需要的知识、技能等问题；培训的方式与方法也具有更大的广泛性。

二是针对性。企业的战略不同，培训的内容及重点也会不同。此外，不同知识水平和不同需要的员工所承担的工作任务不同，所需要培训的知识和技能也不同。

三是协调性。员工培训是一个系统的工程。要从企业经营战略出发，合理地设计培训方案，确定培训的模式、内容、对象、时间、地点等。

四是实用性。员工的培训投资应产生一定的回报，员工培训系统要发挥其应有的功能，即培训成果要能够转化成生产力，并有利于发挥或保持企业的竞争优势。

五是长期性。随着科学技术的日益发展，社会对人才的要求越来越高，人们必须不断接受新的知识，所以企业对其员工的培训应是长期的。

六是速成性。员工学习的主要目的是为企业工作，所以培训一般具有周期短、速成等特点。企业应根据员工的生理、心理、工作经验等特点，采用启发式、讨论式、研究式、案例式等教学方法，提升员工培训的效果。

开发指为员工今后发展而开展的正规教育、在职体验、人际互助，以及个性、能力测评等活动。开发是以员工的未来发展为导向的。

二、培训与开发的内容与意义

（一）培训与开发的内容

1.知识的学习

学习知识是员工培训的主要内容之一。企业应根据经营发展战略要求、生产技术的变化，以及企业对人力资源的数量、质量、结构等方面的要求，有计划、有组织地培训员工，使员工了解企业的发展战略、经营方向、经营状况、规章制度、文化基础、市场定位等。

2.技能的提高

技能是指为满足工作需要而必备的能力。企业高层干部必须具备的技能主要有制定和实施战略目标的能力、领导力等。企业中层干部最重要的技能是管理技能，主要有目标管理、时间管理、计划管理、团队管理和营销管理等。基层员工技能培训的目标是，员工能够按计划、按流程、按标准等开展工作，完成任务。

3.工作态度的转变

员工的工作态度与其敬业精神、团队合作能力、人际关系、个人职业生涯发展，以及人生观和价值观有着密切的关系。员工的工作态度需要以正确的观念进行引导，以良好的企业文化进行熏陶，以合理的制度进行激励。企业要肯定员工的进步，使他们树立自信心，正确地看待自己和企业的关系，根据员工的特长安排他们的工作，帮助员工实现自我价值。只有这样，企业才能和员工共同成长。

（二）员工培训与开发的意义

企业对员工进行培训和开发具有重要的意义，大致可归纳为以下四个方面。

1.有利于目标的实现

在科学技术飞速发展、市场竞争空前激烈的情况下，市场状况瞬息万变，知识技能不断更新，这是任何企业都必须正视的现实。企业只有运用现代科学技术成果，把握市场机遇，才能谋求自身的生存和发展。企业开发新产品、运用新工艺、扩大生产规模、开拓产品市场等，都离不开高素质的员工。想要获得高素质的员工，就必须重视员工的培训和开发。换句话说，企业可以通过对员工进行培训和开发，提高员工的素质，使他们能够胜任工作，从而更好地实现企业发展目标。

2.有利于员工个人的发展

员工个人也有自己的发展目标，如希望掌握新的知识和技能，希望获得较高的报酬和较好的待遇，希望得到符合个人志趣的工作岗位等，这些也同样离不开培训。所以，许多应聘者在选择企业时，考虑的一个重要的因素便是这个企业是否能为员工提供良好的培训机会。

3.能够节约成本，提高收益

培训可以丰富员工的知识，提高员工的技能，而且培训也是留住人才的重要手段。企业的每个发展阶段都需要各种人才，企业只有通过持续不断的培训，才能使员工的工作技能和个人综合素质得到显著的提升，并且为企业的发展作出他们应有的贡献。

4.有利于不断完善企业文化

培训不只是让员工丰富知识，提高能力，还会使员工发自内心地感激企业为他们提供了成长、发展和自我实现的机会，这有助于提高员工的积极性，增强企业的向心力和凝聚力。

三、培训与开发的发展趋势

目前，企业人力资源培训与开发的规模日益壮大，水平不断提高，技术体系日益完善，理论体系逐渐形成。人力资源培训与开发的发展趋势主要体现在以下几个方面。

（一）培训与开发的目的

培训与开发的目的比以往更加广泛，除新员工上岗引导、素质与技能提升外，变得更加注重企业文化、团队精神、协作能力、沟通技巧等。这种更加广泛的培训与开发目的，将使企业的培训与开发模式从根本上发生变化。

（二）培训与开发的组织

培训与开发的组织转向虚拟化和采用更多新技术。虚拟的培训与开发组织应用现代化的培训与开发工具、手段，借助社会化的服务方式而达到培训与开发的目的。现代化的培训与开发工具、手段包括多媒体培训与开发、远程培训与开发、网络培训与开发等。在虚拟培训与开发的过程中，虚拟的培训与开发组织更加注意以顾客为导向，凡是顾客需要的课程、知识、项目等，都能及时供给并不断得到更新。虚拟的培训与开发组织转向速度快，更新知识和更新课程有明显的战略倾向性。

（三）培训与开发的效果

注重对培训与开发效果的评价。控制反馈实验是检验培训与开发效果的好方法。企业应组建一个专门的培训与开发效果评价小组，对进行培训与开发前后的员工的能力进行测试，以了解培训与开发的直接效果。对培训与开发效果的评价，通常有四类基本要素：一是反应，评价受训者对培训与开发计划的反应，对培训与开发计划的认可度及感兴趣程度；二是知识，评价受训者是否按预期要求学到所学的知识和技能；三是行为，评价受训者培训与开发前后的行为变化；四是成效，评价受训者行为改变的结果，如顾客的投诉率是否减少，废品率是否降低，人员流动是否减少，业绩是否提高，管理是否更加有序等。

（四）培训与开发的模式

培训与开发模式已不再是传统的企业自办培训与开发的模式，更多的是企业与学校联合、学校与专门培训机构联合、企业与中介机构联合或混合联合等方式。政府和社会各方面也积极地参与培训与开发，如再就业工程。政府的专门职能部门也与企业、学校挂钩，如人力资源和社会保障部组织关于人力资源管理的培训，中华全国妇女联合会组织关于妇女理论与实践，以及婚姻、家庭、工作三重角色相互协调的培训等。

第二节　培训需求分析

一、培训需求分析的含义

培训需求分析是指在正式开始培训活动之前，采用一系列相关的方法和技术，对企业的发展状况和员工的资质水平进行系统的调查分析，从而确定出具体的培训内容、培训对象、培训方式的过程。这既是确定培训目标、培训计划的前提条件，也是进行培训评估的基础之一。

培训需求分析是判断企业是否需要培训，以及确定培训内容的活动过程，对企业的培训工作至关重要。它是真正有效地实施培训的前提条件，是培训工作实现准确、及时和有效的重要保证。培训需求分析具有很强的指导性。在企业中，培训需求分析的参与者通常包括人力资源部工作人员、员工本人、上级、同事、下属、有关项目专家、客户和其他相关人员。企业中培训需求是培训过程的开始，也是培训过程的重要环节。

二、培训需求分析的内容

培训需求分析的内容主要有三个方面：培训需求的对象分析、培训需求的阶段分析、培训需求的层次分析。

（一）培训需求的对象分析

培训对象分为新员工和在职员工两类，所以培训需求分析包括新员工培训需求分析和在职员工培训需求分析。

1.新员工培训需求分析

新员工的培训需求主要产生于对企业文化、企业制度不了解而不能融入企业，或是对企业工作岗位不熟悉而不能胜任新工作时期。对新员工进行培训需求分析，特别是对企业低层次工作的新员工的培训需求进行分析，通常使用任务分析法来确定其在工作中需要的各种技能。

2.在职员工培训需求分析

由于新技术在生产过程中的应用，在职员工的现有技能通常不能满足工作需要而产生了培训需求。对在职员工进行新技术、技能的培训，通常使用绩效分析法。

（二）培训需求的阶段分析

培训活动按阶段可分为针对目前存在的问题和不足所进行的目前培训，以及针对未来发展需要所进行的未来培训两类。

1.目前培训需求分析

目前培训需求分析针对的是因企业目前存在的不足和问题而提出的培训需求,主要包括分析企业现阶段的生产经营目标、生产经营目标实现状况、未能实现的生产任务、企业运行中存在的问题等。要想解决这些问题,就要找出问题产生的原因,并确认如何培训。

2.未来培训需求分析

未来培训需求分析针对的是为满足企业未来发展需要而提出的培训需求,主要包括分析企业未来变化、职工调动情况、新工作职位对员工的要求以及员工尚欠缺的部分等。

(三)培训需求的层次分析

培训需求分析从三个层次进行:战略层次、组织层次、员工个人层次。与此相对应,培训需求的层次分析可分为战略层次分析、组织层次分析和员工个人层次分析三种。

1.培训需求的战略层次分析

战略层次分析要考虑各种可能改变组织优先权的因素,如引进一项新技术、出现了突发性的紧急任务、领导人的更换、产品结构的调整、产品市场的扩张、组织的分合以及财政的约束等。此外,战略层次分析还要预测企业未来的人事变动和企业人才结构的发展趋势,调查了解员工的工作态度和对企业的满意度,找出对培训不利的影响因素和可能对培训有利的辅助方法。

2.培训需求的组织层次分析

组织层次分析主要分析的是企业的目标、资源、环境等因素,准确找出企业存在的问题,并确定培训是否是解决问题的最佳途径。组织层次分析应首先将企业的长期目标和短期目标作为一个整体来考察,同时考察那些可能对企业目标产生影响的因素。因此,人力资源部必须弄清楚企业目标,才能在此基础上制定一份可行的培训计划。

3.培训需求的员工个人层次分析

员工个人层次分析主要是确定员工目前的实际工作绩效与企业的员工绩效标准对员工技能要求之间是否存在差距,为将来培训效果的评估和培训需求分析提供依据。对员工目前实际工作绩效的评估主要依据以下资料：员工业绩考核记录、员工技能测试成绩，以及员工个人填写的培训需求调查问卷等。

三、培训需求分析的方法

（一）组织整体分析法

组织整体分析法是从组织的整体现实出发，以战略目标为依据确定组织培训需求的方法。组织整体分析法一般从分析反映组织经营状况的指标开始，常见的指标有经营环境、利润率、投资回报率、销售利润率、员工流动率、客户满意率、权益报酬率等。通过分析这些指标，可以找出组织在技术、生产、经营、管理和公众关系等方面的差距，从而确定培训需求。

组织整体分析法具有操作方便，容易得出具有普遍意义的培训需求的优点。但是，这种方法必须以得到充分的数据为基础，而得到这些详细、真实的数据是比较困难的。

（二）任务分析法

任务分析法也称工作分析法或工作盘点法，指依据工作描述和工作说明书，确定员工达到要求所必须掌握的知识、技能和态度。也就是通过系统地收集反映工作特性的数据，对照员工现有的能力水平，以确定培训应达到什么样的目标。

工作说明书通常包括以下内容：①每个岗位的具体工作任务或工作职责；②对上岗人员的知识、技能方面的要求，或资格方面的条件；③完成工作职责的衡量标准。

（三）员工个人培训需求分析法

员工个人培训需求分析法是员工对自己进行分析，提出自身今后发展的要求，并不断寻求进步的一种培训需求分析法。这种方法主要是员工根据工作感受和自己的职业发展规划，对自身的知识和能力结构进行主观评估，进而确定培训需求。这种方法具有深层性、较强的针对性和有效调动员工参与培训兴趣的优点。需要注意的是，大部分员工很难客观地对自己进行评估分析，所以这种方法得出的结果有时不切合实际。

（四）问卷调查法

问卷调查法是通过让员工填写培训需求调查问卷，并对问卷信息进行整理、汇总、分析，从而确定培训需求的方法，这也是企业经常使用的一种方法。这种方法的优点是调查面广，资料来源广泛，收集的信息多，相对省时省力。缺点是调查结果是间接取得的，如对结果有疑问，无法直接证实，调查对象很容易受到问题的误导，获得的深层信息不够等。但在公共关系专家或统计专家的指导下，科学合理的调查问卷可以在很大程度上规避这些问题。

在问卷调查的过程中也应有一些技巧。例如，要尽量取得答卷者的信赖，减少答卷者的顾虑，使获取的资料更为真实；每个题目只设一个问题，尽可能不要在一个题目中要求答卷者回答两个以上的问题；设计的问题要简明通俗，难度适宜，使答卷者能够完全了解并作出有效回答；问题的形式应以选择为主，开放式答题为辅；在问卷的开头或结尾应附上填写说明，便于答卷者明确答卷的方法，减少无效答卷。

（五）绩效分析法

绩效分析法主要是通过考察员工目前的绩效与组织目标的理想绩效之间存在的差距，进而分析存在绩效差距的原因（是不能做还是不想做），同时还要进一步分析知识、能力和行为改善方面存在的差距，最后确定培训的具体选择。这种分析法主要围绕缺陷展开。

通常，缺陷有两种：一种是技能上的缺陷，即不能做；另一种是管理上的缺陷，即不想做。前一种缺陷主要反映了员工工作技能、工作技巧、工作熟练程度和业务知识水平等方面的不足；后一种缺陷主要反映了员工工作态度、领导层的任务分派和指导、信息沟通与反馈等方面的不足。

对于缺陷的分析，可归结为组织和员工个人两方面的原因。

技能上的缺陷：组织方面的原因有工作设计不合理、分配任务不当、工作标准过高、工作条件差等。个人方面的原因有未能理解工作任务、缺乏工作所需的知识和技能等。

管理上的缺陷：组织方面的原因有薪酬系统不合理、激励方式不当、组织内的人际关系紧张、组织的氛围差等。个人方面的原因有责任心差、职业道德水平较低等。

如果是属于个人知识、技能和态度方面的原因，则需要进行培训。培训需求分析的动机模型（如图 4-1 所示）可以用在绩效分析过程中。

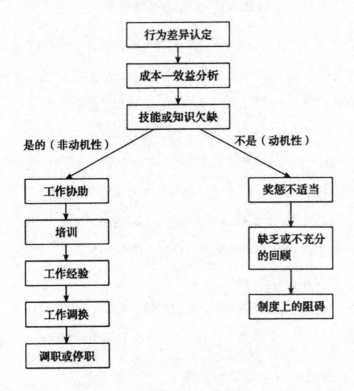

图 4-1　培训需求分析的动机模型

（六）观察分析法

观察分析法就是亲自看每一位员工的工作情况，如操作是否熟练，完成每件工作需要多少时间等，通过仔细的观察，从中分析出该员工需要培训的内容。

观察分析法虽然简单，但也存在无法克服的缺点。如果被观察者意识到自己处于被观察的状况，就容易心情紧张、表现失常，观察者观察到的结果也就会有较大的偏差。

为了避免这一情况，观察者应进行多次观察或延长观察时间，对多种观察结果进行综合考虑，最终得出准确的结论。

除此之外，观察者的主观意识也会影响观察结果。观察者在评价别人时，容易受到个人成见的影响，任何人都会犯这样或那样的错误，导致评价结果有偏差。避免这类偏差的唯一办法是增加观察者的人数或组成一个观察小组，开展员工评价工作。

（七）基于员工胜任力的培训需求分析法

员工胜任力是指员工胜任某一工作或任务所需要的个体特征，包括个人的知识、技能、态度和价值观等。如今，许多企业依据经营战略建立组织层面的胜任力模型，为企业的员工招聘、培训与开发、绩效考评和薪酬管理等提供服务。

基于员工胜任力的培训需求分析，主要步骤如下。

①职位概述。将所需要的绩效水平的胜任力分配到职位中，通过职位要求的绩效水平，确定所需的相关胜任力。职位概述为胜任力识别和分配提供了基础。

②个人能力概述。依据职位要求的绩效标准来评估职位任职者个体目前的绩效水平。结合有关数据资料，依据个体绩效现状及重要性排序，以确定培训需求。个人能力概述提供了员工胜任力的记录。

职位和个人胜任力得到界定后，确定培训就变得容易了。同样地，组织层面的新的胜任力需要与已知的胜任力结构相呼应，并由此预测组织范围内的未来培训需求。

（八）前瞻性培训需求分析法

前瞻性培训需求分析法是以企业未来发展需要为依据，确定员工培训需求的方法。技术在不断进步，员工也有个人成长需要，所以即使员工目前的工作绩效是令人满意的，他们也可能为工作调动或职位晋升做准备，为适应工作要求的变化等提出培训的要求，员工个人的职业生涯发展规划也会对培训提出前瞻性的要求。同时，在企业的发展过程中，对员工知识和能力的要求也会越来越高。因此，开展前瞻性培训开发，是培训工作的重点之一。

（九）培训需求的逻辑推理模式

培训需求的逻辑推理模式是根据员工对培训的不同需求，对员工各方面进行推理。这个模式主要分为七个阶段。

阶段一：说明员工目前工作的现状。

阶段二：检查过去的工作情形，从员工的上级、同事那里获得资料，并与员工直接讨论或做测试。

阶段三：培训工作者如果发现工作流程出了错误，则应设法改善流程。如果员工未能圆满地完成工作任务，则进入第四阶段。

阶段四：培训专家对员工进行培训，如展示新的工作方法、改变工作观念上的认知偏差。

阶段五：消除员工心理上存在的障碍。

阶段六：考虑员工的健康状况及其他个人问题是不是导致其不良工作表现的原因。

阶段七：通过满足员工个人内在的心理需要，消除其心理障碍，改善员工的行为和态度。

培训需求分析的逻辑推理模式如图 4-2 所示。

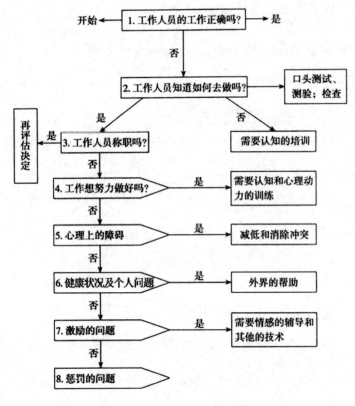

图 4-2　培训需求的逻辑推理模式

第三节　培训与开发规划

一、培训与开发规划的设计原则

（一）制定系统的培训规则

培训与开发规划是在众多培训规则的具体约束和指引下设计的。因此，培训规则应有系统性，也就是说各培训规章应尽量做到规范化、标准化、协调化。只有如此，才能确保各项培训活动有序进行。值得注意的是，培训规章对培训过程中涉及的各类问题应有详细的规定，对组织和员工应有约束性，尽量减少或避免当前普遍存在的员工参加培训后立即"跳槽"的现象。否则，会大大降低组织开展员工培训的积极性，降低组织对员工的吸引力。

（二）制定实用的培训政策

员工的培训与开发工作不应是组织的一时之需，而要形成一种制度，这就需要政策方面的支持。同时，培训与开发政策也为培训工作的开展建立了完善有效的指导性框架，保证培训与开发工作的正确方向。但是，制定的培训与开发政策必须符合组织的现状，只有借助适应组织实际情况的培训与开发政策，才能制定有效的培训与开发规划，并成功地实施。

（三）培训与开发规划的设计应讲求实效

培训与开发规划的设计要讲求实效，针对具体的工作岗位、具体的培训需求而设计。只有这样，才能达到预定的培训目标。需要注意的是，培训与开发规划必须具有针对性，任何无针对性的规划都是虚设的，是毫无实际意义的，不能达到设计培训与开发规划的目的。

（四）培训与开发规划应有广泛的适应性

所谓广泛的适应性是指，一方面培训与开发规划适用于各种不同类型的培训，既要适合管理技能的培训，又要适合专业技术培训，还要适合知识培训和职业道德培训。另一方面培训与开发规划也应适合不同的员工，既要适合决策者培训，又要适合管理者培训，还要适合新员工培训。另外，培训与开发规划还应适合不同的培训需求，既要适合员工对新技术、新技能和新知识的培训需求，也应适合员工对传统技术、技能和知识的培训需求。

二、培训与开发规划的内容

培训与开发规划的内容一般包括培训对象、培训内容、培训方式、学员规模、培训工具、培训时间、培训场所和培训费用预算等方面。

确定培训对象是根据培训需求分析，确定应对新员工、管理人员、决策者还是普通员工进行培训。培训内容是根据培训需求分析的结果——员工在知识技能水平和工作态度方面与组织要求的理想状况的差距，确定对员工开展具体的培训类型。培训方式的确定是指根据已定的培训内容决定采用的培训方式。学员规模的确定主要是根据已定的培训对象、培训内容、培训方式以及组织的培训需求分析结果和组织的实际情况，确定参加培训学员的数量和批次。培训时间的确定是指确定学员的具体培训时间，如上班时间、下班时间或周末，分散培训或集中培训，这一般与组织员工的多寡、工作任务的紧凑程度有关。培训场所的确定是指根据已知的培训对象、培训内容、培训方式、学员规模和培训时间，确定培训地点，如在专门的培训中心或在工作岗位进行。确定培训费用是根据已定的培训方案，通过各项开支的预算决定整个培训过程所花的费用。

三、培训与开发规划的制定

培训与开发规划按计划期长短一般分为远期培训规划、年度培训计划和单项培训计划三大类。其中，远期培训规划具有战略性和综合性，立足于开发，基本上无执行性；单项培训计划是远期培训规划和年度培训计划的具体实施形式，具有较强的执行性，基本上无战略性；年度培训计划的战略性、综合性和执行性介于上述二者之间。

（一）远期培训规划的制定

远期培训规划(一般指一年以上的培训计划)是人力资源战略规划的重要组成部分，也称人力资源开发规划。这种规划的特点是，培训内容较为粗略，通常只提出几个大的重点性的战略指标（如高级人才所占比例、平均学历、整个培训投资的额度等；以中高层管理人员或业务骨干等人才为规划重点）。由于规划的内容较为粗略，所以培训目标具有一定的调整弹性。远期培训规划一般不单独出现，而是作为组织战略体系中的人力资源战略的重要组成部分。

（二）年度培训计划的制定

年度培训计划是对计划年度（一般是当年）的培训工作进行的具体明确的安排，具有可实施性，通常由人力资源部培训主管制定。在年度计划中，要明确提出当年计划完成的培训活动及其相关内容。年度培训计划既可单独出现，也可融入当年人力资源开发与管理计划体系中，成为其中的组成部分。

年度培训计划通常包括以下内容。

①培训的目标和任务。

②开展的具体培训项目。

③具体的培训对象及规模。

④师资安排。

⑤培训时间的安排和预期达到的培训效果。

⑥各培训活动具体的后勤安排，包括人力、物力、财力、场所等。

⑦各培训活动的经费预算。

⑧培训效果评估。

⑨根据培训效果评估，改进和完善培训管理的措施。

⑩其他需要安排的重要事项。

（三）单项培训计划的制定

单项培训计划也就是培训方案，指在每一项具体的培训活动开展前，为了保证培训活动的顺利进行，由人力资源部主管培训工作的管理人员制定具体的工作方案。它属于执行性计划，与年度计划相比，单项培训计划具有较强的操作性，比年度培训计划更具体、更周全、更细致。因此，与其说它是一种计划，不如说它是一种工作安排或工作大纲。

单项培训计划没有特定的时间安排，一般在每项培训活动实施之前完成，以确保培训工作的正常进行为前提。

单项培训计划通常包括以下内容。

①本次活动的培训目标和名称。

②培训内容的大纲和课程安排。

③选定培训对象，包括培训对象的范围、专业、级别和人数等。

④培训活动的具体时间和地点的安排。

⑤选定具体的培训方式。

⑥培训师资的具体人选。

⑦授课进度安排和教材的选定。

⑧培训经费的预算。

⑨培训效果的评估。

⑩其他需要安排的具体事项。

四、培训经费预算

开展培训活动，一定要有必要的经费保证。因此，为了使培训活动顺利开展和增加培训效益，事先进行准确的经费预算是十分必要的。培训经费预算有四种常用的方法，即比例法、需求法、推算法和人均法。

（一）比例法

比例法是预先规定培训经费占某基准值的一定比例，然后根据该基准值的总发生额，按比例提取。基准值指标一般有：年产值、年销售额、年利润额和年工资总额等。

比例法的特点是把培训活动与组织的财力结合在一起,保证各项培训活动有足够的资金支持。

(二)需求法

对计划当年安排的各培训项目,逐项计算所需经费,再将其汇总相加,得出的数额即为培训预算经费额。

(三)推算法

根据前一年(或前几年)培训经费实际发生额的平均值,结合当年培训项目计划的安排,计算出培训需要的经费数额。

(四)人均法

预先规定每名员工每年的培训经费数额,再按计划当年的实际员工数,计算出培训的经费额。

第五章 绩效管理

第一节 绩效管理概述

一、绩效的含义

对于绩效的含义，人们有着不同的理解，最主要的观点有两种：一种是从工作结果的角度来理解；另一种是从工作行为的角度来理解。笔者认为，这两种观点都有一定的道理，但都有其局限性。所谓绩效，就是指员工在工作过程中所表现出来的与组织目标相关的并且能够被评价的工作业绩、工作能力和工作态度。其中，工作业绩就是指工作的结果；工作能力和工作态度则是指工作的行为。理解这个含义，应当把握以下几点。

①绩效是基于工作而产生的，与员工的工作过程直接联系在一起，工作之外的行为和结果不属于绩效的范围。

②绩效与组织的目标有关，对组织的目标应当有直接的影响作用。例如，员工的心情就不属于绩效，因为它与组织的目标没有直接的关系。

③绩效应当是表现出来的工作行为和工作结果，没有表现出来的就不是绩效。这一点和招聘录用时的选拔评价是有区别的，选拔评价的重点是可能性，也就是说要评价员工能否做出绩效，而绩效考核的重点则是现实性，也就是要评价员工是否做出了绩效。

④绩效既包括工作行为也包括工作结果，是两者的综合体，不能偏废其一。将绩效看作过程和结果的综合体，既强调了企业管理中的结果导向，也强调了过程控制的

重要性。

二、绩效的特点

（一）多维性

多维性就是指员工的绩效往往是体现在多个方面的，员工的工作结果和工作行为都属于绩效的范围。例如，一名操作工人的绩效，除所生产产品的数量、质量外，原材料的消耗情况、工人的出勤情况、与同事的合作状态等，也是绩效的表现。因此，对员工的绩效评估必须从多方面进行考察。一般来说，企业可以从工作业绩、工作能力和工作态度三个方面来评价员工的绩效。当然，不同的维度在整体绩效中的重要性是不同的，要视情况而定。

（二）多因性

多因性就是指员工的绩效是受多种因素共同影响的，既有员工个体的因素，如知识、能力、价值观等，也有企业环境的因素，如组织的制度、激励机制、工作的设备和场所等。

（三）动态性

动态性就是指员工的绩效并不是固定不变的，在主客观条件变化的情况下，绩效是会发生变动的。比如，某个员工的绩效往往会随着时间的推移而不断地发生变化，原来较差的业绩有可能好转，或者原来较好的业绩也有可能变差。这种动态性就决定了绩效的时限性，绩效往往是针对某一特定的时期而言的。这实际上解释了为什么绩效评价和绩效管理中存在一个绩效周期的问题。因此，在评价员工的绩效时，要以发展的眼光看待员工的绩效。

三、绩效管理的概念

绩效管理是管理者为确保员工的工作活动及产出与组织目标一致而实施管理的过程，具体包括绩效计划制定、绩效跟进、绩效考核、绩效评价等内容。

在此，要注意对绩效管理与绩效考核两个概念进行辨析。绩效考核是对员工工作绩效进行评价，以便对员工形成客观公正评价的过程，它是绩效管理的一个不可或缺的组成部分。绩效管理以绩效考核的结果为参照，通过与标准的比较，找出存在的差距，提供相应的改进方案，并推动方案的实施。许多人把绩效管理等同于绩效考核，认为二者没什么区别，其实这种观点是错误的——绩效考核只是绩效管理的一个组成部分，是绩效管理的核心环节，并不是绩效管理的全部内容。

四、绩效管理的目的

绩效管理的目的主要有三个方面，即战略目的、管理目的和开发目的。

（一）战略目的

绩效管理的首要目的是帮助高层管理者实现战略性经营目标。

为实现战略目的，首先要界定为达成某种战略所必需的结果、行为和员工的个人特征；然后要设计相应的绩效衡量和反馈系统，以确保员工能够最大限度地表现出上述行为和特征，并努力达成上述结果。

绩效管理体系通过将组织的目标与个人的目标和工作活动联系起来，强化有利于组织目标达成的员工个人行为和结果，为组织战略目标的实现提供了有力保障。即使是某些原因导致员工个人目标没有完成，将个人目标与组织目标联系起来的做法也是非常正确的，这至少能让员工清楚地了解了组织的战略活动目标。

（二）管理目的

绩效管理体系的第二个目的是为组织作出各种员工管理决策提供有价值的信息。

组织在作出很多员工管理决策时，都需要获得员工绩效方面的信息。这些决策包括薪资管理（加薪、发放奖金等）、职位提升或调动、解雇员工等。如果一个组织不能获得关于员工的实际工作能力、工作结果、工作行为和工作态度等方面的信息，不仅很难作出对组织发展和经营有利的决策，而且无法公平对待员工。需要强调的是，在劳动法制健全的市场经济环境中，组织的绩效管理体系是否完善，能否对作出的相关管理决策依据（尤其是其中的员工绩效信息）保留完整的记录，对于组织在可能面临的劳动法律诉讼中保护自己的正当权益具有非常重要的意义。

（三）开发目的

绩效管理体系的第三个目的是对员工进行进一步开发，从而确保他们能够胜任本职工作。

当一位员工完成工作的情况没有达到应有的水平时，绩效管理体系就寻求改善其绩效。绩效反馈是实施良好的绩效管理体系的一个重要组成部分，通过绩效反馈可以识别员工的优势和劣势，以及员工绩效不佳的原因（可能与个人因素有关，也可能与团队或环境因素有关）。但是，仅仅到这一步还不够，要想使绩效反馈有用，还必须针对已经发现的问题，分析原因并采取补救行动，力争通过制定行动计划和采取有力的措施，贯彻实施补救行动，从而弥补原来的绩效缺陷。

除此之外，开发目的的另一个方面是：员工所获得的绩效信息反馈应当有助于他们设计自己的职业发展路径。因此，这里的开发目的既要包括短期开发目的，也要包括长期开发目的。

五、绩效管理的层次

绩效管理分为组织绩效管理、群体绩效管理和个人绩效管理三个层次。

（一）组织绩效管理

组织绩效的变量包括组织目标、组织设计和组织绩效管理；对组织进行系统整合与管理，实现三个方面的全面协同，才有利于组织绩效全面提升，进而有助于实现组织绩效管理的预期目标。建立明确清晰的组织目标仅仅是迈出的第一步，管理者和分析家还需要设计合理的组织结构以确保目标的实现。用于组织设计的初始方法可以是检查并改进投入—产出关系，通常要从组织系统有效运行的角度对业务流程进行调整甚至再造，促进关键流程实现系统协调，从而推动组织具有获得持续高绩效的能力。组织目标和组织设计确定后，就需要对组织绩效进行管理。

（二）群体绩效管理

群体绩效管理通常可以分为部门绩效管理和团队绩效管理，其目的是促进组织中的部门或团队获得满意的绩效。

团队与部门的工作方式有差别，故而绩效管理也存在不同之处（如团队通常更加强调成员之间的共同承诺和相互协同）。进行团队绩效管理时，首先需要全面掌握团队的内涵、特点、作用等。一般来说，团队具有以下四个特点：第一，团队的主要任务是完成团队的共同目标；第二，团队成员具有相互依存性；第三，团队成员共同承担责任；第四，为完成团队共同目标进行全面协调对于团队高效运作而言是必不可少的。

团队是提高组织运行效率的可行方式，它有利于组织更好地利用雇员的才能。在多变的环境中，团队比传统的部门结构更灵活、反应也更迅速。事实证明，如果某种工作任务的完成需要多种技能、经验，那么团队运作通常比个人单干的效果更好。

目前，在很多企业（尤其是大型企业）中，团队已成为主要的运作形式。鉴于团队工作模式的优点,很多组织在部门绩效管理中也注重团队绩效管理学习,从而使部门绩效管理更加合理和高效。

(三)个人绩效管理

组织和群体两个层次的绩效都由组织内的个人创造,也必须以个人绩效为基础。在组织和群体层次的绩效管理系统背景下,个人绩效系统全面细致地描绘了员工工作任务、行为过程及结果。个人绩效管理就是指为了组织和群体绩效目标,对员工围绕当前任务目标所开展的各种工作行为的过程和结果进行系统管理。

成功的绩效管理系统需要实现组织、群体和个人三个层次绩效管理的全面协同。个人绩效管理需要根据整个组织的战略目标,围绕实现一系列中长期的组织目标而开展各项具体管理工作。个人绩效管理应该全面体现员工价值创造的过程,即能反映"投入—过程—产出"的价值创造流程,从而助推群体和组织的绩效持续提升。产出的质量受到投入质量、执行人员、激励以及反馈等因素的综合影响,只有充分关注产出的每个组成部分,才能实现绩效的全面提升。

六、绩效管理与人力资源管理其他职能的关系

(一)绩效管理与工作分析的关系

工作分析是绩效管理的重要基础。

首先,员工在企业中需要根据工作分析得到的岗位描述来开展工作。因此,清晰的岗位描述信息对有效的绩效管理至关重要。

其次,绩效考核的方式受岗位特点的直接影响,对岗位采取何种方式进行评估是企业为绩效考核而进行准备时所面临和必须解决的一个重要问题。基于岗位的特点,对不同类型的岗位采取的绩效考核方式有所不同,如由谁进行评估,评估周期如何安排,绩效考核的信息如何收集,采取什么样的形式进行评估等,这些方面如何选择都取决于工

作分析的信息。

最后，岗位描述是设定绩效指标的基础，对某个岗位的任职者进行绩效管理需要确定关键绩效指标，这些绩效指标往往是由关键职责决定的。

（二）绩效管理与薪酬管理的关系

绩效管理与薪酬管理的关系是最直接的。按照赫茨伯格（Frederick Herzberg）的双因素理论，如果将员工的薪酬与他们的绩效挂钩，使薪酬成为工作绩效的一种反映，就可以将薪酬从保健因素转变为激励因素，从而使薪酬发挥更大的激励作用。此外，按照公平理论的解释，支付给员工的薪酬应当具有公平性，这样才可以更好地调动他们的积极性，为此就要对员工的绩效作出准确的评价。一方面，使员工的付出能够得到相应的回报，实现薪酬的自我公平；另一方面，使绩效不同的员工得到不同的报酬，实现薪酬的内部公平。

（三）绩效管理与员工培训的关系

通过绩效管理可以了解员工的工作态度、工作行为和工作产出等状况，了解员工绩效状况中的优势与不足，进而改进和提高员工的工作绩效。培训与开发是绩效考核后的重要工作，是企业经常用来实现绩效改进的重要方法。绩效考核之后，主管人员往往要根据被考核者的绩效现状，结合其个人发展意愿，共同制定绩效改进计划和未来发展计划。人力资源部门则根据员工目前绩效中有待改进的方面，设计整体的培训与开发计划，并帮助主管和员工共同进行培训与开发。

总之，绩效管理在组织人力资源管理这个有机系统中占据着核心地位，与人力资源管理的其他职能模块有着密切的关系。通过发挥绩效管理的纽带作用，人力资源管理的各大职能模块可以有机地联结起来，保障企业人力资源管理的良性运作。

第二节　绩效计划

一、绩效计划的定义

绩效计划是整个绩效管理过程的开始。对于绩效计划，可以从以下几个方面理解。

第一，绩效计划是对整个绩效管理过程的指导和规划，是一种前瞻性的思考。

第二，绩效计划主要包括三部分的内容：①员工在考核周期内的绩效目标体系（包括绩效目标、指标和标准）、绩效考核周期；②为实现最终目标，员工在绩效考核周期内应从事的工作和采取的措施；③对员工绩效跟进、绩效考核和绩效反馈阶段的工作进行规划和指导。

第三，绩效计划必须由员工和管理者双方共同参与，绩效计划上有关员工绩效考核的事项，如绩效目标等，需要双方共同确认。

第四，绩效计划是一种前瞻性的思考，故而很有可能出现无法预料的事情。所以，绩效计划应该随着外部环境和企业战略的变化而随时调整，不能墨守成规。

二、绩效计划的作用

绩效计划对于整个绩效管理工作的成功与否甚至组织的发展都有重要影响，主要体现在以下几个方面。

第一，制定行动计划，指导整个绩效管理环节的有效实施。

第二，增强后续工作的计划性，提高工作效率。

第三，设定考核指标和标准，有利于组织对员工工作的监控和指导，同时也为考核工作提供了衡量指标，使考核得以公正、客观、科学，容易获得员工的接受。

第四，员工参与计划的制定，增强员工的参与感，同时也提高了员工对绩效目标的认可程度。

绩效计划是将组织的战略目标和员工的考核指标相结合的重要环节,只有经过这一环节,才能使绩效考核和绩效管理上升到战略的高度。

三、绩效目标的制定

绩效目标又叫绩效考核目标,是对员工在绩效考核期间工作任务和工作要求所做的界定。绩效目标由绩效指标和绩效标准组成,绩效指标解决的是考核者需要考核什么的问题,而绩效标准则是要求被考核者做得怎样或完成多少的问题。

(一)绩效指标

1.绩效指标的分类

（1）工作业绩指标

工作业绩是员工通过工作努力取得的阶段性产出和直接结果。对工作业绩的考核是所有绩效考核中最基本的内容,直接体现员工在企业中价值的大小。

工作业绩指标包括员工完成工作的数量、质量、成本费用,以及为组织作出的其他贡献（包括岗位上取得的绩效和岗位以外取得的绩效）。工作业绩指标表现为完成工作的质量指标、数量指标、成本费用指标及工作效率指标等。

（2）工作能力指标

对员工工作能力的考核主要体现在四个方面:①专业知识和相关知识;②相关技能、技术和技巧;③工作经验;④所需的体能和体力。

这四个方面既相互联系又相互区别,技能和知识是基础,体能和体力是必要条件。通过对员工工作能力的考核,可以判断员工是否符合所担任的工作和职务的任职资格要求。一般来说,对员工工作能力的考核主要用于晋升决策。

（3）工作行为指标

工作行为考核是指对员工在工作过程中表现出的有关行为进行考核和评价,以衡量其行为是否符合企业的规范和要求。对员工工作行为的考核主要涉及出勤率、事故率、投诉率等方面。例如，一个酒店要对服务生的工作行为进行考核，可以从其劳动纪律、仪容仪表、文明卫生等方面着手。

（4）工作态度指标

工作态度考核是对员工工作积极性的评价和衡量。在绩效考核中，除了对员工的业绩、行为、能力进行考核，还应对员工的工作态度进行考核。工作态度指标通常包括忠诚度、责任感、主动性、敬业精神、进取精神等。

2.绩效指标的设计

在设计绩效指标时，需要考虑的问题较多。为保证绩效考核的客观性，设计绩效指标时需要注意以下几点。

（1）绩效指标应与企业的战略目标相一致

在设计绩效指标的过程中，应将企业的战略目标层层传递和分解，使企业中每个职位都被赋予战略责任。绩效管理是战略目标实施的有效途径，所以绩效指标应与战略目标一致，不能与战略目标脱节，只有当员工努力的方向与企业战略目标一致时，企业整体的绩效才会得到提高。

（2）绩效指标应当有效

绩效指标应当涵盖员工的全部工作内容，这样才能够准确评价员工的实际绩效，这包括两个方面的含义：一是指绩效指标不能有缺失，员工的全部工作内容都应当包括在绩效指标中；二是指绩效指标不能有溢出，员工职责范围外的工作内容不应当包括在绩效指标中。例如，一位餐饮部经理的绩效指标应包含：餐饮营业额、餐饮经营成本节省率、菜品出新率、客人满意度、客人投诉解决率、设备设施完好率、卫生清洁达标率、部门员工技能提升率。这些指标既涵盖了餐饮部经理的全部工作内容，又没有职责范围外的工作内容。

（3）绩效指标应当明确和具体

绩效指标要明确和具体地指出到底是要考核哪些内容，不能过于笼统和模糊不清，否则考核主体就无法进行考核。例如，考核教师的工作业绩时，授课情况就不是一个明确具体的指标，需要将其进一步分解成上课准时性、讲课内容的逻辑性、讲课方式的生动性等，这样的考核指标才是明确的、具体的。

（4）绩效指标应具有差异性

绩效指标应当具有差异性是指对不同员工来说，绩效指标应当有差异，因为每个员工从事的工作内容是不同的，如销售经理的绩效指标与生产经理的绩效指标不同。

此外，即便有些指标是一样的，权重也是不一样的，因为每个职位的工作重点不同，如计划能力对企业策划部经理的重要性就比对法律事务部经理的重要性大。

（二）绩效标准

绩效标准是考核员工绩效好坏的标准，是组织期望员工达到的绩效水平。绩效标准的确定，有助于保证绩效考核的公正性。确定绩效标准时，应注意以下几点。

1.绩效标准应当量化

量化的绩效标准，主要有以下三种类型：一是数值型的标准，如年销售额为 50 万元等；二是百分比型的标准，如产品合格率为 95%，每次培训的满意率为 90% 等；三是时间型的标准，如接到任务后 3 天内按要求完成，在 1 个工作日内回复应聘者的求职申请等。

此外，有些绩效指标不能量化或者量化的成本较高，如能力和态度等工作行为的指标。对于这些指标，明确绩效标准的方式就是给出具体的行为描述。

2.绩效标准应当适度

制定的标准要具有一定的难度，是员工经过努力可以实现的。目标太容易或者太难，都会大大降低对员工的激励效果，因此绩效标准应当适度。

3.绩效标准应当可变

这包括两层含义：一是对于同一个员工来说，在不同的绩效周期，随着外部环境的变化，其绩效标准也要变化。例如，对于空调销售员来说，由于销售有淡季和旺季之分，淡季的绩效标准就应当低于旺季的绩效标准。二是对于不同的员工来说，即使在同样的绩效周期，由于工作环境不同，绩效标准也应当不同。

四、绩效计划的基本过程

在制定计划时，管理人员首先需要根据上一级部门的目标，并围绕本部门的职责、业务重点以及客户（包括内部各个部门）对本部门的需求，来制定本部门的工作目标。然后，根据员工所在职位的职责，将部门目标分解到具体责任人，形成员工的绩效计划。因此，绩效目标大致有三个主要来源：一是上级部门的绩效目标；二是职位职责；三是内外部客户的需求。管理人员在制定绩效计划时，一定要综合考虑。

一般来说，绩效计划包括三个阶段：①准备阶段；②沟通阶段；③绩效计划的审定与确认阶段。

（一）准备阶段

在准备阶段，管理人员需要了解以下内容。

①组织的战略发展目标和计划。

②企业年度经营计划。

③部门的年度工作重点。

④员工所在职位的基本情况。

⑤员工上一绩效周期的绩效考核结果。

除此之外，管理人员还需要决定采用什么样的方式来进行绩效计划的沟通。

（二）沟通阶段

在沟通阶段，管理人员与员工主要通过对环境的界定和对能力的分析，确定有效的绩效计划，并就资源分配、权限、协调等可能遇到的问题进行讨论。

一般情况下，在沟通阶段应该至少回答以下问题。

①该完成什么工作。

②按照什么样的程序完成工作。

③何时完成工作。

④需要哪些资源与支持。

（三）绩效计划的审定与确认阶段

在绩效计划的审定与确认环节，管理人员需要与员工进一步确认绩效计划，形成书面的绩效合同，并且管理人员与员工都需要在该文档上签字确认。需要补充的是，在实际工作中，绩效计划一经确定并不是不可改变的。因为环境总是在不断发生变化，所以在计划的实施过程中，往往需要根据实际情况及时对绩效计划进行调整。

绩效计划的结果是绩效合同，很多管理人员过分关注最终能否完成绩效合同。实际上，最终的绩效合同很重要，制定绩效计划的过程也同样重要。在制定绩效计划的过程中，管理人员必须认识到，绩效计划是一个双向的沟通过程，一方面，管理人员需要向员工沟通部门对员工的期望与要求；另一方面，员工也需要向管理人员沟通自己的认识、疑惑、可能遇到的问题及需要的资源等。

在制定绩效计划的过程中，员工的参与和承诺也是至关重要的因素。因为按照目标激励理论的解释，当员工承认并接受某一目标时，这一目标实现的可能性会比较大。通过员工的参与，员工对绩效目标的承诺与接受程度就会比较高，从而有助于绩效目标的实现。

五、绩效考核周期

绩效考核周期就是多长时间进行一次评价，考核周期的设置要根据企业的性质、行业特征、岗位层级、岗位的工作特点等实际情况，不宜过长，也不宜过短。周期过长则绩效考核的准确性和员工工作的积极性会受影响，周期过短则会消耗组织过多的资源。一般的考核周期主要分为年度、半年、季度等。不同考核周期的考核内容和结果运用不尽相同。

第三节　绩效跟进

　　管理者和员工经过沟通达成一致的绩效目标之后,还需要不断地对员工的工作表现和工作行为进行监督管理,从而帮助员工获得最终的优秀绩效。在整个绩效跟进周期内,管理者采用恰当的领导风格,积极指导下属工作,与下属进行持续的绩效沟通,预防或解决实现绩效时可能发生的各种问题,以期更好地完成绩效计划,这个过程就是绩效跟进,也称绩效监控。

一、与员工持续沟通

　　绩效管理的根本目的是通过改善员工的绩效来提高企业的整体绩效,只有每个员工都实现了各自的绩效目标,企业的整体目标才能实现。因此在确定员工的绩效目标后,管理者还应当保持与员工的沟通,帮助员工实现这一目标。

(一)沟通的目的

　　在绩效跟进的过程中,管理人员与员工需要进行持续的沟通。其目的主要有以下几点。

　　①通过持续沟通对绩效计划进行调整。

　　②通过持续沟通向员工提供进一步的信息,为员工绩效计划的完成奠定基础。

　　③通过持续沟通,让管理人员了解相关信息,以便日后对员工的绩效进行客观的评估,同时也在绩效计划执行发生偏差的时候,及时了解相关信息,并采取相应的调整措施。

(二)沟通的内容

　　在沟通时,管理人员应该重点关注的内容有:工作的进展情况如何,是否在正确的轨道上，哪些工作进行得很好，哪些工作遇到了困难，需要对工作进行哪些调整，员工还需要哪些资源与支持等。

员工应该重点关注的内容有：工作进展是否达到了管理人员的要求，方向是否与管理人员的期望一致，是否需要对自己的绩效计划进行调整，管理人员需要从我们这里获得哪些信息，自己还需要哪些资源与支持等。

（三）沟通的意义

一般来说，管理人员与员工的持续沟通可以通过正式的沟通与非正式的沟通来完成。

常用的正式沟通的方式有：①书面报告，如工作日志、周报、月报、季报、年报等；②会议；③正式面谈。

非正式的沟通方式多种多样，常用的非正式沟通方式有：①走动式管理；②开放式办公室；③休息时间的沟通；④非正式的会议。与正式沟通相比，非正式的沟通更容易让员工开放地表达自己的想法，沟通的氛围也更加宽松。管理人员应该充分利用各种各样的非正式沟通机会。

二、选择恰当的领导风格

在绩效跟进阶段，领导者要选择恰当的领导风格，指导下属的工作，与下属进行沟通。在这一过程中，管理者处于极为重要的位置，管理者的行为方式和处事风格会极大地影响下属工作的状态，这就要求管理者能够在适当的时候采取适当的管理风格。涉及领导风格的权变理论主要有领导情景理论、路径—目标理论、领导者—成员交换理论等。在此，笔者将简要介绍认可程度较高的领导情景理论。

领导情景理论由赫塞（Paul Hersey）和布兰查德（Kenneth Blanchard）于 1969 年开发，该理论获得了广泛认可。领导情景理论认为，领导的成功来自选择正确的领导风格，而领导风格有效与否还与下属的成熟度相关。所谓下属的成熟度，是指员工完成某项具体任务所具备的能力和意愿程度。针对领导风格，赫塞和布兰查德根据任务行为和关系行为两个维度将其划分为四种不同的领导风格（见图 5-1），分别是：指示型（高任务—低关系）、推销型（高任务—高关系）、参与型（低任务—高关系）、授权型（低任务—低关系）。

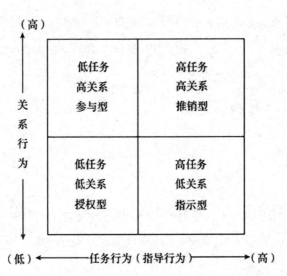

图 5-1　领导行为风格示意图

领导情景理论比较重视下属的成熟度，这实际上隐含了一个假设：领导者的领导力实际上取决于下属的接纳程度和能力水平。而根据下属的成熟度，也就是员工完成任务的能力和意愿程度，可以将下属分成四种（见图 5-2）。

R1：下属无能力且不愿意完成某项任务。

R2：下属缺乏完成某项任务的能力，但是愿意从事这项任务。

R3：下属有能力但不愿意从事某项任务。

R4：下属有能力并愿意完成某项任务。

图 5-2　下属成熟度示意图

领导情景理论的核心就是将四种基本的领导风格与员工的四种成熟度阶段相匹配，为管理者根据员工的不同绩效表现做出适当回应提供了帮助。随着下属成熟度的提高，领导者不但可以减少对工作任务的控制，而且可以减少关系行为。具体来讲，在 R1 阶段，领导者应采用给予下属明确指导的指示型风格；在 R2 阶段，领导者需要采用高任务—高关系的推销型风格；到了 R3 阶段，参与型风格的领导对于员工来说最有效；而当下属的成熟度达到 R4 阶段时，领导者无须做太多的事情，只需授权即可。

三、辅导与咨询

（一）辅导

辅导是一个改善个体知识、技能和态度的技术。辅导的主要目的如下。

第一，及时帮助员工了解自己的工作进展情况，确定哪些工作需要改善，需要学习哪些知识和掌握哪些技能。

第二，必要时指导员工完成特定的工作任务。

第三，使工作过程变成一个学习过程。

好的辅导具有这样的特征：辅导是一个学习过程，而不是一个教育过程；管理者应对学习过程给予支持；反馈应具体、及时，并集中在好的工作表现上。

进行辅导的具体过程如下。

第一，确定员工胜任工作所需要学习的知识、技能，提供持续发展的机会，掌握可迁移的技能。

第二，确保员工理解和接受学习需要。

第三，与员工讨论应该学习的内容和最好的学习方法。

第四，让员工知道如何管理自己的学习，并确定在哪个环节上需要帮助。

第五，鼓励员工完成自我学习计划。

第六，在员工需要时，提供具体指导。

第七，就如何帮助员工进步、总结辅导经验达成一致。

（二）咨询

有效的咨询是绩效管理的一个重要组成部分。在绩效管理实践中，进行咨询的主要目的是：当员工没能达到预期的绩效标准时，管理者借助咨询来帮助员工克服工作过程中遇到的障碍。

在进行咨询时要做到以下几点。

第一，咨询应及时。也就是说，应该在问题出现后立即进行咨询。

第二，咨询前应做好计划，咨询应在安静、舒适的环境中进行。

第三，咨询是双向的交流。管理者应该扮演积极的倾听者的角色，这样才能使员工感到咨询是开放的，并鼓励员工多发表自己的看法。

第四，咨询的问题不要只集中在消极方面。谈到好的绩效时，应比较具体，并说出事实依据；对不好的绩效应给出具体的改进建议。

第五，要共同制定改进绩效的具体行动计划。

咨询过程主要包括三个阶段。

第一阶段，确定和理解。即确定和理解所存在的问题。

第二阶段，授权。也就是帮助员工确定自己的问题，鼓励他们表达这些问题，思考解决问题的方法并采取行动。

第三阶段，提供资源。即驾驭问题，包括确定员工可能需要的其他帮助等。

四、收集绩效信息

在绩效跟进阶段，很有必要对员工的绩效表现进行观察和记录，收集必要的信息。这些记录和收集到的信息的主要作用体现在为绩效考核提供客观事实依据。有了这些信息，在下一阶段对员工进行绩效考核的时候，就有了事实依据，有助于管理者对员工的绩效进行更为客观的评价，同时也能为绩效改善提供具体事例。

进行绩效考核的一个重要目的是不断提高员工的工作能力。通过绩效考核，管理人员可以发现员工还有哪些需要进一步改进的地方。而这些收集到的信息则可以作为具体事例，用来向员工说明为什么他们还需要进一步改进与提升。

在绩效跟进阶段，管理人员需要收集的信息有：能证明目标完成情况的信息，能证明绩效水平的信息，关键事件。收集绩效信息常用的方法有观察法、工作记录法和他人反馈法。

①观察法。观察法是指管理人员直接观察员工在工作中的表现，并如实记录。

②工作记录法。员工的某些工作目标完成情况是可以通过工作记录体现出来的，如销售额、废品数量等。

③他人反馈法。他人反馈法是指从员工的服务对象或者在工作中与员工有交往的人那里获取信息。比如，客户满意度调查就是通过这种方法获取信息的典型方法。不管采用哪种方法收集信息，管理人员都应该如实地记录具体事实。

第四节　绩效考核

绩效考核是一项系统工程，其中包括多项工作，只有每一项工作都落实到位，考核工作才能有实效。具体而言，绩效考核主要包含以下方面的工作：考核对象的确定、考核内容的确定、考核主体的确定、考核方法的选择。

一、绩效考核的关键

（一）考核对象的确定

企业中常见的考核对象主要分组织、部门、员工三个层面。针对不同的对象，考核内容也会有所不同。绩效计划阶段中所提到的两种绩效考核工具——平衡计分卡和关键绩效指标，很好地将三个层面的绩效考核指标结合了起来。一般来说，企业在绩效管理过程中，应该优先考虑组织层面的考核，然后关注部门层面的考核，最后关注员工层面的考核。

（二）考核内容的确定

由于本书中所讲的绩效考核，主要是针对员工个人而言的，故而此处以对员工的绩效考核为例，解读考核内容的确定。

根据绩效考核的定义，考核主要针对三部分内容：工作能力、工作态度和工作业绩。所以，考核的内容理应包括这三个方面。下面着重介绍一下对工作业绩的考核。

所谓工作业绩，就是员工的直接工作结果。结果在某种程度上体现了员工的工作能力和工作态度。对员工的工作业绩进行评价，可以直观地说明员工工作完成的情况，更重要的是，工作业绩可以作为一种信号和依据，提示员工可能存在的需要提高和改进的地方。一般而言，我们可以从数量、质量和效率三个方面出发，来衡量员工的业绩。但是不同类型工作的业绩体现也有不同，例如，销售人员和办公室工作人员的业绩就不能用同一套指标和标准来衡量。所以，只有针对不同的岗位，设计合理的考核指标体系，才能科学、有效地对员工的业绩进行衡量。需要注意的是，要尽可能量化要考核的业绩方面，对于实在不能量化的方面，也要建立统一的标准，所建标准要尽可能客观。

（三）考核主体的确定

一般来说，考核主体主要包括五类成员（见图5-3）：上级、同事、下级、员工本人和客户。

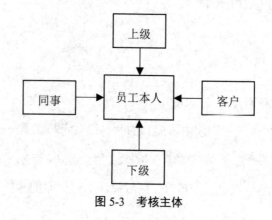

图 5-3　考核主体

1.上级

以上级为考核主体的优点：由于上级对员工承担着直接的管理责任，因此他们通常比较了解员工的工作情况。此外，以上级作为考核主体，还有助于实现管理的目的，保证管理的权威性。

以上级为考核主体的缺点：上级领导往往没有足够的时间来全面观察员工的工作情况，考核信息来源相对单一；容易受领导个人的作风、态度，以及与下属员工关系等因素的影响，产生个人偏见。

2.同事

以同事为考核主体的优点：由于同事和被考核者在一起工作，因此他们对被考核者的工作情况也相对了解；同事一般不止一人，通过对员工进行全方位的考核，可避免产生个人偏见。

以同事为考核主体的缺点：人际关系的因素会影响考核的公正性；员工有可能协商一致，相互给高分；有可能造成相互猜疑，影响同事关系。

3.下级

以下级为考核主体的优点：可以促使上级关心下级的工作，建立融洽的关系；由于下级是被管理的对象，因此比较了解上级的领导管理能力，能够发现上级在工作中存在的问题。

以下级为考核主体的缺点：由于顾及上级的反应，下级往往不敢真实地反映情况；

有可能削弱上级的管理权威，造成上级对下级的迁就。

4.员工本人

以员工本人作为考核主体的优点：能够增强员工的参与感，加强他们的自我开发意识和自我约束意识；有助于员工接受考核结果。

以员工本人作为考核主体的缺点：员工对自己的评价容易偏高；当自我考核和其他主体考核的结果出现较大差异时，容易引起矛盾。

5.客户

以客户作为考核主体，就是由员工服务的对象来对他们的绩效进行考核，这里的客户不仅包括外部客户，还包括内部客户。

以客户作为考核主体的优点：客户考核有助于员工更加关注自己的工作结果，提高工作的质量。

以客户作为考核主体的缺点：客户更侧重于员工的工作结果，难以对员工进行全面的评价。

由于不同的考核主体收集考核信息的来源不同，其对员工绩效的看法也会不同。为了保证绩效考核的客观、公正，企业应当根据不同考核指标的性质来选择考核主体，选择的考核主体应当对考核指标最了解。例如，"协作性"由同事进行考核，"培养下属的能力"由下级进行考核，"服务的及时性"由客户进行考核等。由于每个职位的绩效目标都由一系列指标组成，不同的指标又由不同的主体来进行考核，因此每个职位的考核主体也有多个。此外，当不同的考核主体对某一个指标都比较了解时，这些主体都应当对这一指标进行考核，以尽可能降低考核的片面性。

二、绩效反馈

绩效反馈是指绩效周期结束时，在上级和员工之间进行绩效考核面谈，由上级将考核结果告诉员工，指出员工在工作中存在的不足，并和员工一起制定绩效改进计划的过程。在这个阶段，员工和直接上级共同回顾员工在绩效周期的表现，共同制定员工的绩效改进计划和个人发展计划，以帮助员工提高自己。

管理人员要根据绩效考核的结果对员工进行相应的奖惩。所以，绩效反馈并不仅仅只是如字面意思那样，将绩效考核的结果反馈给员工，更重要的是与上级、员工共同探讨绩效不佳的原因，并制定绩效改进计划，以提升绩效。

（一）反馈面谈的准备工作

以面谈反馈为例，为了确保绩效反馈面谈达到预期的目的，管理者和员工双方都需要做好充分的准备。

管理者应做好以下四个方面的准备。

第一，选择适当的面谈主持者。面谈主持者应该由人力资源部门或高层管理人员担任，最好选择那些参加过绩效面谈培训、掌握相关技巧的高层管理人员作为面谈主持者，因为他们在企业中处于关键位置，能够代表企业组织，这有助于提高面谈的质量和效果。

第二，选择适当的面谈时间和地点。由于面谈主要是针对员工绩效结果来进行的，所以一般情况下，应选择在员工的绩效考核结束后，在得出了明确的考核结果且准备较为充分的情况下及时地进行面谈。具体的面谈地点可以根据情况需要灵活地掌握。可以选择管理者的办公室、专门的会议室或者咖啡厅之类的休闲场所等。当然，在面谈过程中营造良好的面谈氛围也是重要的，比如尽量避免电话、访客等的影响。

第三，熟悉被面谈者的相关资料。在面谈之前，面谈者应该充分了解被面谈员工的各方面情况，包括教育背景、家庭环境、工作经历、性格特点，以及职务、业绩情况等。

第四，计划好面谈的程序和进度。面谈者事先要将面谈的内容、顺序、时间、技巧等计划好，自始至终地掌握好面谈的进度。

对于员工来说，其应该做好以下准备。

第一，重新回顾自己在一个绩效周期内的行为态度与业绩，收集准备好与自己绩效相关的证明材料。

第二，对自己的职业发展有一个初步的规划，正视自己的优缺点。

第三，总结并准备好在工作过程中遇到的疑，反馈给面谈者，请求组织的理解与帮助。

（二）面谈的实施

1.面谈的内容

面谈的内容主要是讨论员工工作目标考核的完成情况，并帮助其分析工作成功与失败的原因，以及下一步的努力方向，同时提出解决问题的意见和建议，以取得员工的认可。

在谈话中，管理者应注意倾听员工的心声，并对设计的客观因素表示理解和同情。对敏感问题的讨论应集中在缺点上，而不应集中在个人上，要最大限度地维护员工的自尊，使员工保持积极的情绪，从而使面谈达到增进信任、促进工作的目的。

表 5-1 为绩效反馈面谈表示例。

表 5-1 绩效反馈面谈表

面谈对象		职位编号	
面谈者		面谈时间	
面谈地点			
绩效考核结构（总成绩）			
工作业绩		工作能力	
上期绩效不良的方面			
导致上期绩效不良的原因			
下期绩效改进的计划			
面谈对象签字		面谈者签字	
绩效改进计划执行的情况			
记录者签字		时间	

2.面谈结束后的工作

为了将面谈的结果有效地运用到员工的工作实践当中,在面谈结束后,要做好以下两方面的工作。

第一,对面谈信息进行全面的汇总记录。就是将此次面谈的内容信息列出,如实地反映员工的情况,同时绘制出一个员工发展进步表,帮助员工全面了解自己的发展状况。

第二,采取相应对策提高员工的绩效。面谈的结果应该有助于员工的绩效提高。经过面谈,一方面,对于员工个人来说,其可以正确了解到自己的绩效影响因素,提高改进绩效的信心和责任感受;另一方面,企业全面掌握了员工心态状况,据此进行综合分析,结合员工的各方面原因,有的放矢地制定员工教育、培养和发展计划,帮助员工找到提高绩效的对策。

三、绩效改进

(一)绩效诊断

绩效诊断的过程包括两层内容:指明绩效问题和分析问题出现的原因。绩效诊断通过绩效反馈面谈来实现。绩效反馈面谈提供了一个正式的场合,既让员工容易接受自己绩效的反馈,同时也能使企业在面谈中获得员工的意见、申述和反馈。

诊断员工的绩效问题通常有两种思路:第一,从知识、技能、态度和环境四个方面着手分析员工绩效不佳的原因;第二,从员工、主管等方面来分析绩效问题。不管用哪种方法,都要全面地分析导致员工绩效不佳的可能性原因,分辨清楚是因为员工个人能力或经验不足,还是因为外界环境等因素的影响。

(二)制定改进计划

在绩效改进过程中,员工和直接上级都扮演着非常重要的角色。员工个人对自己的绩效负有责任，应尽力提高自己的绩效；直接上级也应该对员工提供指导和支持，以帮助员工顺利提高绩效。

1.员工的个人绩效改进计划

员工所制定的个人绩效改进计划，应包括如下几方面的内容。

首先，回顾自己上个周期的工作表现、工作态度以及反馈面谈中所确认的绩效病因，思考如何通过自己的努力改善绩效不佳的状况。

其次，制定一套完整的个人绩效改进计划，针对每项不良的绩效维度提出个人可以采取的改进措施（如需要学习的新知识、技能等），提高绩效的方式与途径（如向老员工请教、接受培训等）。

最后，针对改进措施，向组织提出必要的资源支持，综合调配自己的时间和可以利用的现实资源，以确保改进措施能够付诸实现。

2.上级和组织的支持

上级和组织的支持对于员工的绩效改进具有重要的作用，其所需要从事的工作主要包括以下方面。

第一，凭借自己的经验为员工提供建议，告诉他在改进绩效的过程中，需要或可以采取哪些措施来实现目标；帮助员工制定个人改进计划。

第二，针对员工的计划，提出自己的合理建议，确保该计划是现实可行的，并且对绩效改进确实有帮助。

第三，为员工提供必要的支持和帮助，满足员工的需求。

第四，管理者也可以从组织的角度出发，为员工指定导师或让员工参与某些通用的培训课程。

在制定绩效改进计划之后，员工进入下一个绩效改进周期，管理者在这个过程中要与员工保持沟通，适时向员工提供有效的指导和辅助，帮助员工克服在改进过程中所遇到的困难，避免员工再次出现偏差，确保在下一个绩效考核周期中，员工的绩效能够顺利提升。

（三）作出管理决策

将绩效考核结果作为依据，根据绩效考核结果作出的人力资源管理决策，主要包括四个方面的内容。

1.薪酬奖金的分配

按照强化理论的解释，当员工的工作结果或行为符合企业的要求时，企业应当给予员工正强化，以鼓励这种结果或行为；当员工的工作结果或行为不符合企业的要求时，企业应当给予其惩罚，以减少这种结果或行为的发生。因此，企业应当根据员工绩效考核的结果给予他们鼓励或惩罚，最直接的奖惩就体现在薪酬的变动中。一般来说，为增强薪酬的鼓励效果，员工的报酬中有一部分是与绩效挂钩的。当然，不同性质的工作，与绩效挂钩的比例有所不同。根据绩效的好坏来调整薪资待遇或给予一次性奖金鼓励等，有助于员工继续保持努力工作的动力。

2.职务的调整

绩效考核结果是员工职位调动的重要依据，这里的调动不仅包括纵向的升降，也包括横向的岗位轮换。如果员工在某岗位上的绩效非常突出，则可以考虑将其适当调整到其他岗位上锻炼，或承担更大的责任；如果员工不能胜任现有的工作，在查明原因后可以考虑将其调离现有岗位，去从事他能够胜任的工作岗位。对于调换多次岗位都无法达成绩效标准的员工，应该考虑解聘。

3.员工培训

培训的目的包括两方面：帮助员工提高现有的知识与技能，使其更好地完成目前岗位的工作；开发员工从事未来工作的知识与技能，以更好地胜任未来将要从事的工作。绩效考核结果可以为员工的培训与开发提供依据，根据员工现任工作绩效的好坏，决定让员工参与何种培训。

4.员工的职业生涯规划

根据员工目前的绩效水平和长期以来的绩效提高和培训过程，和员工协商制定长远的绩效与能力改进计划，明确其在企业中的发展途径。

第五节 绩效评价

一、绩效评价的概念

绩效评价是指根据绩效目标协议书所约定的评价周期和评价标准,由绩效管理主管部门选定评价主体,采用有效的评价方法,对组织、部门及个人的绩效目标完成情况进行评价的过程。对绩效评价内涵的深入理解需要把握三个方面。

第一,绩效评价能促进组织实现战略目标。绩效评价的内容具有行为导向的作用,能够引导个体行为聚焦于组织战略。组织想要实现既定战略,必须界定清楚与战略相关的目标是什么,通过员工什么样的行为能够达成战略目标,然后将这些内容转化为绩效评价的内容传递给组织内所有成员。绩效评价的引导和传递作用能够让员工的工作行为和结果指向组织战略,从而有利于组织战略目标的实现。

第二,绩效评价能够促进绩效水平的提升。管理者通过对组织绩效、部门绩效和个人绩效的评价,能够及时发现存在的绩效问题。通过及时沟通和反馈,分析个人层面、部门层面和组织层面存在的导致绩效不佳的因素,制定并切实执行绩效改进计划,从而提高各层面的绩效水平。

第三,绩效评价结果能够为各项人力资源管理决策提供依据。绩效评价的结果是组织作出薪酬决策、晋升决策、培训与开发决策的依据,只有将绩效评价的结果与人力资源管理的相关决策紧密联系起来,才能对企业所有员工起到激励和引导的作用,同时也能增加员工对各项人力资源管理决策的可接受程度。

二、绩效评价的内容

（一）业绩评价

业绩评价是绩效评价的核心内容。所谓业绩，就是通过工作行为取得的阶段性产出和直接结果，与组织战略目标实现相关的绩效都要通过业绩产出来衡量。评价业绩，不仅要判定个人的工作完成情况，也要衡量部门、组织的指标完成情况。更重要的是，管理者要以评价结果为基础，来有计划地改进绩效欠佳的方面，从而达到组织发展的要求。

对组织层面、部门层面、个人层面的业绩进行评价，所参考的指标不仅包括利益相关者层面的指标评价，也涵盖实现路径层面指标和保障措施层面的指标，既兼顾结果又兼顾过程，如此才能保证业绩评价的完整性和准确性。

业绩评价一般是从数量、质量、时间和成本等角度进行考虑的。需要注意的是，组织、部门和个人层面的业绩评价是有区别的，需要灵活处理。

（二）态度评价

通常人们认为能力强的人能够取得更好的工作绩效，但现实情况并非总是如此。能力强仅仅是获得好的工作绩效的一个重要条件，能力强的人并不一定能够取得最佳绩效，而能力相对弱的人也可能取得较好的绩效。出现这种情况的一个重要原因就是工作态度，不同的工作态度会对工作结果产生不同的影响。因此，在对员工进行绩效评价时，除了要对其工作业绩进行评价，还要对其工作态度进行评价，以鼓励员工充分发挥现有的工作能力，最大限度地提高绩效，并且通过日常工作态度评价，引导员工发挥工作热情。

工作态度是绩效评价的重要内容。对员工工作态度进行评价，是企业充分发挥其工作能力，激发员工工作积极性的重要手段。在评价员工的工作态度时，要注重评价其工作是否认真，在工作时是否有干劲，是否有执行力，是否遵守各种规章制度等。

三、绩效评价主体

(一)上级评价

直接上级在绩效管理过程中自始至终都起着十分关键的作用,上级评价也是常用的评价方式之一。直接上级最熟悉下级的工作情况,而且也比较熟悉评价的内容。同时对于直接上级而言,绩效评价作为绩效管理的一个重要环节,为他们提供了一种监督和引导下级行为的手段,从而可以帮助他们促进部门或团队工作的顺利开展。另外,绩效管理的目的与直接上级对下级进行培训与技能开发的目的是一致的。直接上级能够协助相关部门更好地将绩效管理与员工培训相结合,从而充分发挥这两个人力资源管理模块的行为引导作用。

(二)同级评价

同级评价是由评价对象的同级对其进行评价,这里的同级不仅包括评价对象所在团队或部门的成员,还包括其他部门的成员。这些人员一般与评价对象处于组织同一层级,并且与评价对象经常有工作联系。研究表明,同级评价的信度与效度都很高,且同级评价还是评价对象工作绩效的有效预测因子。从评价对象的同事对他的评价,可以有效地预测此人将来能否在管理方面获得成功,这是因为同级经常以一种与上级不同的眼光来看待他人的工作绩效。

(三)下级评价

下级评价给管理者提供了一个了解员工对其管理风格看法的机会,这种自下而上的绩效反馈在很大程度上是基于强调管理者提高管理技能的考虑。下级由于不承担管理工作而不了解管理者工作的必要性,因此很难对事情进行客观准确的评价,其评价的信度通常比较低。

（四）自我评价

自我评价是自我开发的工具，让员工了解自己的长处与短处，以便设定适合自己发展的目标。如果一名员工是独自工作，没有合作伙伴或同事，或者其他特殊技能，那么只有他本人才有资格评价他的工作表现。

研究表明，自我评价时员工对自己的要求往往很宽松。尽管自我评价存在某些缺点，但自我评价仍是一种既有价值又可靠的反映员工工作表现的信息渠道。

（五）客户和供应商评价

外部人员可参与评价。外部人员指比较了解员工工作情况的外部利益相关者，比如客户或供应商，企业可以让他们参与组织的绩效评价。

例如，在客户服务部门，企业让客户作为评价主体对那些直接与客户联系的员工进行绩效评价，可以更多地掌握员工在实际工作中的表现。更为重要的是，由于客户满意度是企业成功的关键影响因素，这类企业通过将客户作为评价主体来引导员工行为，可以促进其更好地为客户提供服务。

第六章　薪酬管理

第一节　薪酬的基本内容

一、薪酬的含义

研究企业的薪酬管理，首先需要明确薪酬的概念。一般来说，薪酬是员工因向所在的组织提供劳务而获得的各种形式的酬劳。狭义的薪酬指货币和可以转化为货币的报酬。广义的薪酬除了包括狭义的薪酬，还包括获得的各种非货币形式的满足。

二、薪酬的构成

（一）基本薪酬

基本薪酬，也称为基本工资，是以员工的职位（职称）层级、岗位的复杂程度与责任大小、岗位的熟练程度与劳动强度，以及市场的需求状况等为基准，按照一定的时间周期，定期向员工发放的固定薪酬。

基础薪酬一般有小时工资、日工资、月薪和年薪等形式。在中国大多数组织中，提供给员工的基础薪酬以月薪形式为主，即每月按时给员工发放基础薪酬。由于基础薪酬基于员工的职位（职称）或技能确定，有可能忽略了员工的个体差异，因此需要结合其他薪酬形式，共同构成员工的薪酬。

（二）绩效工资

绩效工资在针对不同的劳动对象时有不同的说法，有时称绩效工资，有时称计件工资，有时称计时工资。绩效工资是以员工的实际劳动成果或业绩来确定员工薪酬高低的工资制度，也称浮动工资。绩效工资支付的主要依据是员工的工作业绩和劳动效率。

（三）奖金

奖金，即奖励性薪酬。奖金是组织对雇员的超额劳动部分或雇员有卓越贡献，所支付的员工工资以外的奖励性报酬，也是企业为了鼓励员工提高劳动生产率和工作质量付给员工的货币奖励。

奖金的支付对象是那些符合奖励条件的企业员工。因此，与基本工资相比，奖金具有较强的激励作用。

（四）津贴与补贴

津贴与补贴是对员工在非常情况下工作所支付的额外劳动消耗和生活费用，以及对员工身心健康所给予的补偿。通常把与工作联系的补偿称为津贴，如岗位津贴、加班津贴等；把与生活相联系的补偿称为补贴，如住房补贴、伙食补贴等。

三、薪酬的功能

（一）补偿功能

员工根据企业的要求，完成相应的工作。而要完成这些工作，对员工的教育、经验、能力等有一定的要求，同时也需要员工付出时间与精力，会消耗员工的脑力和体力，因此企业必须对员工的付出进行补偿，以实现企业与员工之间公平的经济交换。

（二）吸引功能

企业支付给员工的薪酬是对员工劳动的认可，是员工满足自己与家人需要的经济基础。企业向员工支付的薪酬水平会向社会传递重要信息。当企业支付给员工的薪酬与同类企业相比有竞争力时，企业对外部人员也就具有较强的吸引力。

（三）激励功能

企业支付给员工的薪酬是对员工工作绩效水平的一种评价，反映了员工的工作数量和质量。为了拿到更高的薪酬，提高生活水平，员工会不断提高自身素质，投入更多的时间和精力去为企业工作。因此合理的薪酬体系，可以激励员工提高劳动效率，提升劳动质量。

（四）保留功能

如果企业提供给员工的薪酬水平对外具有竞争性，对内具有公平性，体现了员工的能力与贡献，很大一部分员工会为了继续拿到这些薪酬而选择留在企业，这就可以起到保留员工的作用。

第二节　薪酬设计

一、薪酬设计的原则

（一）价值原则

企业在设计薪酬时，必须要能充分体现员工的价值，要使员工的发展与企业的发展充分协调起来，保持员工创造与员工待遇（价值创造与价值分配）之间短期和长期的平衡。

（二）战略导向原则

战略导向原则强调企业设计薪酬时必须从企业战略的角度进行分析,制定的薪酬制度必须体现企业发展战略的要求。企业的薪酬不仅是一种制度,还是一种机制。合理的薪酬制度驱动和鞭策着那些有利于企业发展战略的因素的成长,同时使那些不利于企业发展战略的因素及时消除。因此,企业设计薪酬时,必须从战略的角度分析哪些因素重要,哪些因素不重要,并通过一定的价值标准,给予这些因素一定的权重,同时确定它们的价值分配（即薪酬标准）。

（三）激励原则

激励原则就是强调企业在设计薪酬时必须充分考虑薪酬的激励作用,即薪酬的激励效果。这里涉及企业薪酬（人力资源投入）与激励效果（产出）之间的关系,企业在设计薪酬策略时要充分考虑各种因素,使薪酬的支付获得最大的激励效果。

（四）经济性原则

薪酬设计的经济性原则强调企业设计薪酬时必须充分考虑企业自身发展的特点和支付能力。它包括两个方面的含义：从短期来看,企业的销售收入扣除各项非人工费用和成本后,要能够支付起企业所有员工的薪酬；从长期来看,企业在支付所有员工的薪酬,及补偿所用非人工费用和成本后,要有盈余,这样才能支撑企业追加和扩大投资,使企业实现可持续发展。

（五）竞争性原则

外部竞争性原则强调企业在设计薪酬时必须考虑同行业的薪酬水平,保证企业的薪酬水平在市场上具有一定的竞争力,能充分地吸引和留住企业发展所需的战略性、关键性人才。

（六）内部一致性原则

内部一致性原则强调企业在设计薪酬时要"一碗水端平"。内部一致性原则包含两个方面：一是横向公平，即企业所有员工之间的薪酬标准、尺度应该是一致的；二是纵向公平，即企业设计薪酬时必须考虑历史的延续性，一个员工过去的投入产出比和现在乃至将来的投入产出比应该基本一致，或者有所增长。

二、职位分析与职位评价

（一）职位排序法

排序法是根据各种职位的相对价值或它们对组织的相对贡献，按高低次序进行排列。

第一，获取职位信息。由相关人员组成评审小组，对职位情况进行全面调查，收集相关资料、数据，并写出调查报告。

第二，对排序的标准达成共识。虽然排序法是对岗位的整体价值进行评价而排序，但也需要参与评估的人员对什么样的整体价值更高达成共识。

第三，进行职位排列。评定人员根据事先确定的评判标准，对公司同类岗位的重要性逐一作出评判，排列后职位等级通常呈金字塔形。

排序也可采用交错排序法，即先选出价值最高和价值最低的职位，然后再选一次高和次低的职位（这样做的理由是人们比较容易认定极端情形）。还可以综合排序结果，给职位定级。为了避免个人的主观偏见和误差，通常会采用取平均值的方式为职位排序，即在每个人的排序结果出来后，还要对每个人的结果取一个平均值，从而完成对职位的最终评价。

（二）职位分类法

职位分类法是通过制定出一套职位级别标准，将职位与标准进行比较，并归到各个级别中去。职位分类法的关键是建立一个职位级别体系，包括确定等级数量，为每个等级建立定义并进行描述。

运用职位分类法的基本步骤为：首先，按照经营过程中各类岗位的作用和特征，将企业的全部职位分成几个大的系统。其次，将各个系统中的各职位分成若干层次（如可分为5～20档），同时要确定每一职位等级的定义，即对各职位类别的各个级别进行明确的定义和描述，并且将被评价岗位与所设定的等级标准进行比较，将它们定位在合适的岗位类别和合适的级别上。

（三）因素比较法

因素比较法是一种量化的工作评估方法，通过依据不同的薪酬要素多次对岗位排序，综合考虑每一个岗位的序列等级，并得出一个加权的序列值，最终确定职位序列。

运用因素比较法的基本步骤是：首先，选择基准岗位。选择一些在不同企业中普遍存在的、工作内容相对稳定的职位作为基准岗位。其次，分析这些基准岗位，找出一系列共同的报酬因素。这些报酬因素应该是一些能够体现职位之间本质区别的因素（如责任、工作的复杂程度等），并将每个基准职位的工资分配到相应的报酬因素上。最后，将待评估的职位在每个报酬因素上分别与基准职位相比较，确定待评估职位在各个因素上的工资率。将待评估职位在各个报酬因素上的工资率或者分数汇总，得到待评估职位的工资水平。

三、薪酬调查分析

（一）薪酬调查的原则

正确实施薪酬调查，将对职位评价和确定基本工资制度十分有益。但如果调查不当，就可能产生负面的影响，也可能得到不准确的薪酬信息，从而不利于企业制定合适的薪酬政策。

薪酬调查应遵循以下基本原则。

第一，选择合适的比较对象。在选择比较的企业时，要充分考虑企业的大小、类型、声望、地理位置、未来发展前景等因素。

第二，要对整个薪酬体系进行比较。薪酬体系不仅包括基本薪酬，还包括奖金、福利甚至期权等，有些企业的基本薪酬较低，但能给员工提供很好的福利，或者年底有很高的奖金，在这样的情况下，如果只比较基本薪酬，会有不小的误差。

第三，考虑职位所在的具体环境。一样的职位在不同的企业重要程度会有差别。在做薪酬调查以前，要尽量收集翔实的职位信息。

第四，薪酬调查要采用横向和纵向相结合的方式，企业会根据自身情况和战略定位确定薪酬政策，因此有些企业在薪酬调整的进度上会快于另一些企业，这些因素也需要考虑，以保证资料的准确性。

（二）薪酬定位

在分析同行业的薪酬数据后，需要做的是根据企业状况选用不同的薪酬水平。影响企业薪酬水平的因素有多种。

从企业外部看，国家的宏观经济状况、行业特点和行业竞争、人才供给状况等都对企业薪酬定位和员工工资增长水平有不同程度的影响。

在企业内部，决定薪酬水平的主要因素有工作的价值、企业的盈利能力和支付能力、人员的素质要求等。而企业发展阶段、人才稀缺程度、招聘难度、企业的市场品牌和综合实力，也是重要的影响因素。

（三）薪酬调查的途径

就薪酬调查的途径而言，企业可以查看政府部门出具的薪酬调查报告，可以聘请专业的薪酬调查公司为本企业进行薪酬调查，也可以购买专业调查机构的数据库或者调查报告。选择何种薪酬调查途径，企业需要根据自身的调查成本和想要达到的调查效果来决定。

第三节　薪酬管理的基本制度

一、职位型基本薪酬制度

薪酬制度是组织实现战略的工具。它是薪酬管理的前提和基础,也是薪酬管理的重要内容之一。所谓薪酬制度,是依照国家法律、法规和政策,为规范薪酬的分配而制定的各种政策、标准和实施方法的总称。

20世纪90年代以来,在全球化、市场化、信息化的大背景下,企业组织结构设计出现了扁平化的发展趋势,表现为组织管理层级减少,管理幅度增大。扁平的组织结构越来越多地取代了传统等级森严的金字塔结构,这也使得职位薪酬制度受到了挑战——因为职位晋升通道变得相对有限。如今,完全地基于职位的薪酬制度很少,往往综合考虑员工技能、绩效等因素,或是在同一级别职位中定了不同的档次。职位薪酬制度仍是现代组织中广泛使用的一种薪酬制度。

(一)职位薪酬制度的优点

1.薪酬分配相对公平

职位薪酬制度建立在规范的工作分析基础之上。通过职位评价,可以确保薪酬分配的内部公平。通过对职位展开有针对性的市场薪酬调查,可以实现薪酬分配的外部公平。

2.简明易懂,可操作性强

简明易懂的薪酬制度,密切了上下级之间的关系,增大了薪酬分配过程中的透明度,有利于员工了解自己的劳动所得,并且降低了薪酬制度在实施过程中的难度。

（二）职位薪酬制度的缺点

1.激励面不广

职位薪酬制度主要依据员工职位支付薪酬，薪酬与职位直接挂钩。当员工晋升的可能性小时，其获得大幅度加薪的可能性也很小。在没有其他因素介入的情况下，其工作积极性必然会受挫，甚至会出现消极怠工或者离职的现象。

2.灵活性不强

职位薪酬制度对职位类别、等级做了详细的规定，员工在某个具体的职位上，知道自己的职责范围，使员工很难从事其他工作。职位薪酬制度要求公司的职位相对稳定，按职付薪，职位变化不大，但在环境不确定的情况下，如果公司对员工提出了更高的要求，仍保持原来的薪酬，则有违公平性原则，这也是职位薪酬制度灵活性不强的一种体现。

二、技能型基本薪酬制度

随着科学技术的日新月异，专业化分工程度越来越高，出现了技能型基本薪酬制度（简称技能薪酬制度）。技能薪酬制度是根据员工所具有的技能水平而向员工支付薪酬，所以不同的技能等级有不同的薪酬支付标准。

（一）技能薪酬制度的优点

技能薪酬制度提倡持续学习，鼓励员工根据企业要求不断掌握新的知识和技能。

技能薪酬制度扩大了员工的技能领域，在人员配置方面给企业提供了很大的灵活性。

掌握多种技能的员工可以扩展和丰富自己的工作内容。

技能薪酬制度为把决策权授予那些最具有知识技能水平的员工提供了基础。

（二）技能薪酬制度的缺点或局限

可能会引起员工的不公平感，这主要是由于人性的妒忌心理所引起的。

组织增加了一定的薪酬支出。

在薪酬设计和管理上增加了难度。

三、绩效型基本薪酬制度

绩效型基本薪酬制度（简称绩效薪酬制度）与绩效型辅助薪酬制度是不同的。前者是基本薪酬的一种形式，存在薪酬等级且长期稳定，而后者是一种辅助薪酬形式，它仅仅只对个人工作业绩突出的一部分给予一定的奖励。绩效薪酬制度的核心部分是建立科学合理的绩效评估体系，准确区别不同的员工绩效，并据此确定员工薪酬。

（一）绩效薪酬制度的优点

1.协调个人与组织目标

做到组织目标与个人目标的协同发展，有助于达到互惠双赢。

2.激励效果明显

通过实施员工个人绩效与薪酬挂钩的薪酬制度，极大地调动了员工工作积极性，可以带来明显的激励效果。

3.实施成本低

广大员工劳动积极性的提高可带来组织整体工作绩效的提高，从而有效地降低企业的人工成本。

（二）绩效薪酬制度的缺点

1.较容易引发员工的短视行为

绩效薪酬制度的实施，容易造成员工只关心今天的绩效，而非组织明天的竞争，为了短期利益而忽略了组织的长期利益。

2.容易影响组织的凝聚力

员工之间的收入差距拉大，可能带来一些恶性竞争，从而影响员工的关系。

四、组合型基本薪酬制度

组合型薪酬制度的薪酬构成并无固定形式，通常情况下由以下几个方面的薪酬构成：基础薪酬、职位薪酬、技能薪酬、绩效薪酬、年功薪酬、学历职称薪酬等。

（一）组合薪酬制度的优点

1.职能全面

不同的企业其组合薪酬的构成要素是不同的，但在通常情况下，它由基础薪酬、职位薪酬、绩效薪酬、技能薪酬、年功薪酬、学历职称薪酬等两种或两种以上的要素构成，这样可以保证员工各方面的付出都能在薪酬上得到体现。

2.调整灵活

组合薪酬制度通常无固定模式，即使薪酬单元相同，但各薪酬单元之间的比例是可以不同的。这有利于合理协调各类员工的薪酬关系，调动员工的劳动积极性。这样的薪酬结构比较灵活，适应性强，能够增强与提升企业的核心竞争力。

（二）组合型薪酬制度的缺点

该薪酬制度无固定薪酬结构，故调整灵活，但在如何选择薪酬单元以及在薪酬单元方向构成比例的权重设置上往往主观性较大。

薪酬的各构成单元相对独立，这给企业薪酬管理在操作上带来了一定的难度。

第四节 薪酬管理的创新发展

当前,随着市场竞争的加剧,企业逐渐意识到富有竞争性的薪酬体系的重要性。对企业来说,薪酬是一把双刃剑,使用得当,能够吸引、留住和激励人才,可以有效提高企业的实力和竞争力;使用不当,则会带来危机。建立全面、科学的薪酬管理系统,对企业培育核心竞争力、取得竞争优势、获得自身的可持续发展具有重要意义。因此,不断调整和完善薪酬制度,是企业当前的一项紧迫任务。与传统薪酬管理相比较,现代薪酬管理出现了以下发展趋势。

一、日益重视薪酬调查

近年来,薪酬调查受到企业的广泛关注。通过薪酬调查,企业可以了解劳动力市场的薪酬状况,掌握各类人才的价格行情,从而制定正确的薪酬策略,有效控制企业的人力成本。通过薪酬调查得到的薪酬信息包括外部信息和内部信息。

(一)外部信息

外部信息指相同地区和行业,相似性质、规模的企业的薪酬水平、薪酬结构、薪酬价值取向等。外部信息主要是通过薪酬调查获得的,它能够使企业在制定和调整薪酬方案时,有可以参考的资料。

(二)内部信息

内部信息主要是指员工满意度调查和员工合理化建议。满意度调查的功能并不是只了解有多少员工对薪酬是满意的,还要了解员工对薪酬管理的建议以及不满到底是在哪些方面,进而为改进薪酬制度奠定基础。

二、全面薪酬

全面薪酬主要包括两部分：外在薪酬和内在薪酬。薪酬不仅仅是指纯粹货币形式的报酬，还包括非货币形式的报酬，也就是在精神方面的激励，比如优越的工作条件、良好的工作氛围、培训机会、晋升机会等，这些方面也应该很好地融入薪酬体系中。公司给受聘者支付的薪酬应包括外在薪酬和内在薪酬两类。

（一）外在薪酬

外在薪酬主要是指为受聘者提供的可量化的货币性价值。例如，基本工资、奖金等短期激励薪酬，股票、期权等长期激励薪酬，退休金、医疗保险等货币性的福利，以及公司支付的其他各种货币性的开支，如住房津贴等。

（二）内在薪酬

内在薪酬是指那些给员工提供的不以量化的货币形式表现的各种奖励价值，如培训的机会、吸引人的公司文化、和谐的工作环境、公司对个人的表彰等。

三、宽带型薪酬结构

宽带薪酬就是在组织内用少数跨度较大的工资范围来代替原有数量较多的工资级别的跨度范围，将原来十几个甚至二十几个、三十几个薪酬等级压缩成几个级别，取消原来狭窄的薪酬等级带来的职位间明显的等级差别，减少薪酬等级的同时拓宽薪酬范围。拓宽薪酬范围是指采用比传统的薪酬体系更少的薪酬级别和更大的级宽，把许多等级合并，同时把每一个等级的范围扩大，其目的是鼓励员工水平流动，使其获取更多技能。

宽带薪酬的实行，更适应组织的扁平化和工作多样化的发展趋势。在等级少、幅度宽的宽带薪酬体系下，员工可以根据劳动力市场情况和组织要求的变化而转换工作职责。实行宽带薪酬的主要优势是可以形成更加灵活的组织结构，鼓励员工能力的提升，强调职业发展。

宽带薪酬的缺点在于很多员工认为晋升往往伴随着薪酬的增加和薪酬等级的提高，因此没有了薪酬等级的变动，员工会认为组织缺少晋升机会。

但要注意的是，宽带薪酬并不适用于所有组织。很多组织以一种相对结构化的方式运作，灵活的宽带薪酬不适用于这些组织。

四、弹性福利制度

企业在福利方面的投入在总的人力成本里所占的比例是比较高的，但这一部分的支出往往被员工忽视。此外，员工在福利方面的偏好也是因人而异的。要解决这一问题，目前最常用的方法就是采用弹性福利制，即让员工在规定的范围内选择自己喜欢的福利组合。

弹性福利制是一种有别于传统的固定式福利的员工福利制度。弹性福利制又称自助餐式的福利制度，在这种福利制度下，员工可以从企业所提供的一份列有各种福利项目的"菜单"中自由选择其所需要的福利。

弹性福利制强调的是让员工依照自己的需求从企业所提供的福利项目中选择自己所需的一套福利套餐，每一名员工都有自己专属的福利组合。另外，弹性福利制强调员工参与的过程。

五、以人为本的薪酬管理方案

传统的、以等价交易为核心的薪酬管理方案，正在被以人为本的人性化的、以对员工的参与和潜能开发为目标的薪酬管理方案所替代。这种薪酬管理方案的实质是将薪酬管理作为企业管理和人力资源开发的一个有机组成部分。作为一种激励机制和手段，其基本思路是将企业的工资方案建立在四个要素——薪酬、信任、缩减工资分类和业绩的基础之上，其目的是通过加大工资中的激励成分，换取员工对企业的认同和敬业精神。

与传统管理方案相比，基于人本思想的薪酬管理方案鼓励员工参与和积极贡献，强调劳资之间的利润分享。其主要的实现措施包括：①把员工当作企业经营的合作者，建立员工与企业同荣俱损的薪酬管理方案；②改变以工作量测定为基础的付酬机制为技能和业绩付酬机制；③加大员工薪酬方案中奖励和福利的比例，使之超出正常工资数额；④使员工的基础薪酬部分处于变动中，稳定收入比重缩小，浮动收入加大，且浮动部分视员工对企业效益的贡献而定；⑤改变传统的工作时间计量和管理方法，以员工自报的工作时间和工作量为薪酬计量的依据，以体现对员工的信任；等等。

第七章　劳动关系管理

第一节　劳动关系管理的基本内容

一、劳动关系

（一）劳动关系的概念

劳动关系是指用人单位与劳动者之间依法所确立的劳动过程中的权利义务关系。在不同国家或不同体制下，劳动关系又被称为"劳资关系""劳工关系""劳雇关系""雇佣关系"等。在西方国家，劳动关系通常被称为"产业关系"，是产业中劳动力与资本之间关系的缩略语，即产业社会领域内，政府、雇主和劳动者（工会）围绕有关劳动问题而发生的社会经济关系。

（二）劳动关系的特点

1.劳动关系是经济利益关系

雇员付出劳动从雇主那里换取报酬及福利以维持生活。因此，工资和福利就成为连接雇主与雇员的基本经济纽带，这就形成了雇员与雇主之间的经济利益关系。如果缺乏这种经济利益上的联系，劳动关系就不存在，因而经济利益也就成为雇员与雇主之间最主要的联系，也是雇员与雇主之间进行合作或产生冲突的最主要原因。

2.劳动关系是一种劳动力与生产资料的结合关系

因为从劳动关系的主体上说，当事人一方为劳动力所有者和支出者，称为雇员（或劳动者），另一方为生产资料所有者和劳动力使用者，称为雇主（或用人单位）。劳动关系的本质是强调用人单位需要将劳动者提供的劳动力作为一种生产要素纳入其生产过程，与生产资料相结合。

3.劳动关系是一种具有显著从属性的人身关系

虽然双方的劳动关系是建立在平等自愿、协商一致的基础上的，但劳动关系建立后，双方在职责、管理上有了从属关系。用人单位要安排劳动者与生产资料结合；而劳动者则要通过运用劳动能力，完成用人单位交给的各项生产任务，并遵守用人单位的规章制度，接受用人单位的管理和监督。劳动者在整个劳动过程中无论是在经济上，还是在人身上都从属于雇主。

4.劳动关系体现了表面上的平等性和实质上的非平等性

用人单位和劳动者双方都是劳动关系的主体，在平等自愿的基础上签订劳动合同，缔结劳动关系。同样，双方也可以解除劳动关系，在遵循法律规定的情况下，劳动者可以辞职，企业也可以辞退员工。双方在履行劳动合同的过程中，劳动者按照用人单位的要求提供劳动，用人单位支付劳动者劳动报酬，这体现了权利义务的平等。但这种平等是相对的。

从总体上看，劳动者和用人单位在经济利益上是不平等的。虽然法律规定双方具有平等的权利，但是经济力量上的差异造成的实际权利上的不平等是不容否认的事实。特别是在就业压力大的情况下，用人单位会在劳动力市场上占有更大的优势和主动地位。相对而言，劳动者的选择机会是有限的，而用人单位则可以利用各种有利的形势迫使劳动者接受不平等的合同条款，如较低的工资待遇和福利，或者过长的工作时间等。

5.劳动关系具有社会关系的性质

劳动关系不仅仅是一种纯粹的经济关系，它更多地渗透到非经济的社会、政治和文化关系中。在劳动关系中，劳动者在追求经济利益的同时，也寻求其他方面的利益，如荣誉、周围人的尊敬、归属感、成就感等。可以这样说，工作是劳动者赖以生存的基础，工作场所是满足劳动者以上需要的场所。这就要求用人单位在满足劳动者经济需要的同时，还要关注劳动者的社会需求。

二、劳动关系的构成主体

劳动关系的构成主体是指劳动关系中的相关各方。从狭义上讲，劳动关系的构成主体包括两方：一方是雇员和以工会为主要形式的雇员团体，另一方是雇主与雇主组织。从广义上讲，除雇员与雇员团体、雇主与雇主组织外，政府也是广义上的劳动关系的主体之一，因为政府会通过立法介入和影响劳动关系。

（一）雇员

劳动关系中的雇员是指具有劳动能力和行为能力，由雇主雇佣并在其管理下从事劳动以获取工资收入的劳动者。雇员一般具有以下特征：雇员是被雇主雇佣的人，不包括自由职业者和自雇人士；雇员要服从雇主的管理；雇员以工资为主要劳动收入。

《中华人民共和国工会法》第三条规定："在中国境内的企业、事业单位、机关、社会组织（以下统称用人单位）中以工资收入为主要生活来源的劳动者，不分民族、种族、性别、职业、宗教信仰、教育程度，都有依法参加和组织工会的权利。任何组织和个人不得阻挠和限制。"这基本界定了雇员的范围。

（二）雇员团体

在劳动关系中，员工和雇主地位之间的差距是造成劳资冲突的根本原因。为了能够与雇主相抗衡，员工组织了自己的团体来代表全体员工的共同利益。雇员团体包括工会和类似于工会的雇员协会与职业协会。

早在19世纪90年代，韦伯夫妇（Sidney James Webb & Beatrice Webb）就通过对当时英国工会的研究，提出了工会具有互助保险、集体谈判和参与法律制定等功能。他们后来又把工会定义为由工资收入者组成的旨在维护并改善其工作生活条件的连续性组织。工会的主要目标就是通过集体协商和集体谈判等方式，增强工人与雇主谈判时的力量，改善工人的工作条件，提高工人的劳动报酬及其他待遇。

在许多国家，工会是雇员团体的主要组织形式。工会的组织原则是对员工招募不加任何限制，既不考虑职业因素，也不考虑行业因素。工会是以维护和改善员工的劳动条件、提高员工的经济地位、保障员工利益为主要目的的。在工会出现的早期，雇主对工会采取强烈抵制的态度，工会更多地被当作工人进行斗争的工具。随着人们对工会角色、职能认识的不断深入，雇主不再把工会的存在当作对自身管理权的挑战，而是理性地看待工会，期望通过与工会的合作来改善劳资关系，提高企业的竞争力。

（三）雇主

雇主也称雇佣者、用人单位、用工方、资方、管理方，是指在一个组织中，使用雇员进行有组织、有目的的活动，并向雇员支付工资报酬的法人或自然人。各个国家由于国情的不同，对雇主范围的界定也不一样。我国较多使用"用人单位"这一中性概念。

（四）雇主组织

雇主组织是由雇主依法组成的组织，其目的是通过一定的组织形式，将单个雇主联合起来形成一种群体力量，在产业和社会层面通过这种群体优势同工会进行协商和谈判，最终维护雇主利益。雇主组织通常有以下三种类型：行业协会、地区协会和国家级雇主联合会。在我国，像中国企业联合会、中国企业家协会、中华全国工商业联合会等，都是雇主组织。

雇主组织的主要作用是维护雇主利益，主要从事的活动有以下四种。

①雇主组织直接与工会进行集体谈判。

②当劳资双方对集体协议的解释出现分歧或矛盾时，雇主组织可以采取调解和仲裁的方式来解决。

③雇主组织有义务为会员组织提供有关处理劳动关系的一般性建议，为企业的招

聘、培训、绩效考核、安全、解雇等提供咨询。

④雇主组织代表和维护会员的利益和意见。

（五）政府

现代社会中政府的行为已经渗透到经济、政治、生活的各个方面，政府在劳动关系中扮演着重要的角色，发挥着越来越重要的作用。

政府在劳动关系中主要扮演四种角色。

①劳动关系法律、法规的制定者，通过出台法律、法规、政策等来调整劳动关系，保护雇主与雇员的合法利益。

②公共利益的维护者，通过经济、行政等手段促进劳动关系的协调发展，切实保障有关劳动关系的法律、法规的执行。

③国家公共部门的雇主，以雇主身份直接参与和影响劳动关系。

④有效服务的提供者，为劳资双方提供信息服务和指导。

（六）国际劳工组织、国际雇主组织与国际经贸组织

全球化是当代劳动关系不得不面对的趋势，任何国家的劳工问题都不得不考虑其国际背景和国际影响。因此，任何一个国家的劳动法律、政策和实践，在某种程度上都要受到来自有关国际组织和国际标准的约束。也可以说，劳动关系的存在和调整，已经不仅仅是一个国家的内部事务，还受到国际经贸规则和国际劳工标准的影响，以及跨国公司管理惯例的制约。受经济全球化的影响，我国劳动关系在主体结构、劳动标准、调整方式等方面，开始呈现出国际化的趋向。

三、劳动关系管理的作用

劳动关系管理是指通过规范化、制度化的管理，使劳资双方（企业与员工）的行为得到规范，权益得到保障，维护稳定和谐的劳动关系，促使企业经营稳定运行。劳动关系管理之所以重要，除了因为它具有明确的法律内涵、受国家法律调控，还因为其在企业管理中具有重要作用，是人力资源管理的一项重要内容。人力资源管理人员应该深刻理解劳动关系并能够正确管理劳动关系。劳动关系管理的作用主要体现在以下几个方面。

（一）可以避免劳资双方矛盾激化

劳动关系是否和谐稳定间接影响着社会的稳定程度。劳动争议的存在是劳动关系管理不到位的体现，劳动争议如果处理不当，还可能会引发一系列的社会治安问题。只有劳动争议得到正确、公正、及时的处理，才可能避免劳资双方的矛盾激化，减少恶性事件的发生。因此，人力资源管理部门应注重对劳动争议的处理，尽可能合理处理劳动争议案件，避免劳资双方的矛盾激化。

（二）保证劳资双方的合法权益

劳动争议的产生大部分是因为劳动权利与义务产生的纠纷。劳资双方中不论任何一方侵犯对方权益、不全面履行相关义务与责任、违反国家规定都不利于劳动关系的存续。这不但影响了用人单位正常的生产经营秩序，损害用人单位的效益，同时也会影响劳动者及其家人的生活，从而影响社会的进步与稳定。合理合规的劳动关系管理，可以提高当事人的法治观念，保证劳资双方的合法权益。

（三）构建和谐社会的要求

做好劳动关系管理工作是构建和谐社会的要求，构建社会主义和谐社会就需要有稳定和谐的劳动关系。社会是文化、政治、经济等诸多方面的统一体，是以物质生产为基础的人类生活共同体，是人与人在劳动过程中结成的各种关系的总和。在各种社会关系中，劳动关系是其中最重要、最基本的关系之一，是社会关系的核心之一。

第二节　劳动合同与集体合同

一、劳动合同

（一）劳动合同的概念

所谓劳动合同，是指劳动者与用人单位（管理者、雇主）之间为了确定劳动关系，明确双方权利和义务而达成的协议。

《中华人民共和国劳动合同法》第十条规定：

建立劳动关系，应当订立书面劳动合同。

已建立劳动关系，未同时订立书面劳动合同的，应当自用工之日起一个月内订立书面劳动合同。

用人单位与劳动者在用工前订立劳动合同的，劳动关系自用工之日起建立。

（二）劳动合同的种类

1.按照劳动合同的期限划分

劳动合同的期限是企业根据生产、工作特点和需要，合理配置人力资源的手段，也是劳动者进行职业生涯设计分期实现就业权的方式。

第一，固定期限的劳动合同。指劳动者与管理者之间签订的有一定期限的企业劳动协议。其期限是确定的、具体的。在有效期限内，劳动者和管理者之间存在劳动关系，合同期满，则企业劳动关系终止。定期劳动合同有利于劳动者择业和管理者用人的自主权，双方可以经常进行相互选择。

第二，无固定期限的劳动合同。指劳动者与管理者之间签订的没有规定终止日期的劳动协议。劳动者和管理者之间的劳动关系只要在劳动者一方有劳动能力和人身自由的情况下，以及在企业一方继续存在的情况下都会存在。只有在符合法定或约定解除合同的情况下，通过解除合同，劳动者和管理者之间的劳动关系才会终止。

第三，以完成一定工作为期限的劳动合同。指以劳动者所承担的工作任务来确定合同的期限，工作任务一完成，合同即终止。这实际上是一种特殊形式的定期劳动合同，主要适合于完成某项科研任务以及季节性、临时性的工作岗位。

2.按劳动合同产生的方式划分

第一，企业录用合同。指企业管理者以招收、录用劳动者为目的而与劳动者依法签订的劳动合同。录用合同企业劳动合同的基本形式，普遍适用于企业正式工和临时工的招收和录用。

第二，企业聘用合同。指聘用方与被聘用劳动者之间签订的明确双方责、权、利的劳动协议。企业管理者在聘用劳动者的时候，一般要向劳动者发放聘书，以确定彼此之间的劳动关系。与此同时，也可与劳动者签订劳动合同，以进一步确定彼此之间的权利和义务。它一般用于聘请专家、顾问等专门人才。

第三，企业借调合同。指企业管理者以借用劳动者为目的而与劳动者以及被借用单位签订的三方劳动合同。该合同要明确规定三方的权利、义务和责任。借用合同到期后，劳动者一般回原单位工作。

（三）劳动合同的特征及内容

1.劳动合同的特征

劳动合同是合同的一种，它除具有合同的一般特征外，还具有其本身的特征。

首先，劳动合同的当事人是劳动者和用人单位。劳动合同的一方主体是劳动者，要求其必须达到法定年龄，并具有劳动权利能力和劳动行为能力。劳动合同的另一方主体是用人单位。

其次，劳动合同属于双务、有偿合同。在劳动合同中，劳动者必须为用人单位提供劳动，用人单位必须为劳动者支付报酬，故为双务、有偿合同。

2.劳动合同的内容

劳动合同的内容是指在合同中需要明确规定的当事人双方权利和义务，以及合同必须明确的其他问题。劳动合同的内容是劳动关系的实质，也是劳动合同成立和发生法律效力的核心问题。

《中华人民共和国劳动合同法》第十七条规定：

劳动合同应当具备以下条款：

（一）用人单位的名称、住所和法定代表人或者主要负责人；

（二）劳动者的姓名、住址和居民身份证或者其他有效身份证件号码；

（三）劳动合同期限；

（四）工作内容和工作地点；

（五）工作时间和休息休假；

（六）劳动报酬；

（七）社会保险；

（八）劳动保护、劳动条件和职业危害防护；

（九）法律、法规规定应当纳入劳动合同的其他事项。

劳动合同除前款规定的必备条款外，用人单位与劳动者可以约定试用期、培训、保守秘密、补充保险和福利待遇等其他事项。

《中华人民共和国劳动法》第十九条规定：

劳动合同应当以书面形式订立，并具备以下条款：

（一）劳动合同期限；

（二）工作内容；

（三）劳动保护和劳动条件；

（四）劳动报酬；

（五）劳动纪律；

（六）劳动合同终止的条件；

（七）违反劳动合同的责任。

劳动合同除前款规定的必备条款外，当事人可以协商约定其他内容。

二、集体合同

（一）集体合同的含义

集体合同是指协商双方代表根据法律、法规的规定就劳动报酬、工作时间、休息休假、劳动安全卫生、保险福利等事项在平等协商一致的基础上签订的书面协议。集体合同是协调劳动关系、保护劳动者权益的重要手段。在我国，集体合同由工会代表企业职工一方与用人单位订立；尚未建立工会的用人单位，由上级工会指导劳动者推举的代表与用人单位订立。

（二）集体合同的内容

集体协商双方可以就以下多项或某项内容进行集体协商，签订集体合同或专项集体合同：劳动报酬、工作时间、休息休假、劳动安全与卫生、补充保险和福利、女职工和未成年工特殊保护、职业技能培训、劳动合同管理、奖惩、裁员、集体合同期限、变更及解除集体合同的程序、履行集体合同时发生争议的协商处理办法、违反集体合同的责任、双方认为应当协商的其他内容。

（三）集体合同的订立、变更、解除和终止

1.集体合同的订立

经双方协商代表协商一致的集体合同草案或专项集体合同草案，应当提交职工代

表大会或者全体职工讨论。职工代表大会或者全体职工讨论集体合同草案或专项集体合同草案，应当有三分之二以上职工代表或者职工出席，且须经全体职工代表半数以上或者全体职工半数以上同意，集体合同草案或专项集体合同草案方获通过。集体合同草案或专项集体合同草案经职工代表大会或者职工大会通过后，由集体协商双方首席代表签字。

2.集体合同的变更及解除的条件

集体合同的变更是指集体合同双方对依法成立、尚未履行或尚未完全履行的集体合同条款所作的修改或增删；集体合同的解除是指提前终止集体合同的法律效力。

在集体合同有效期限内，有下列情形之一的，允许变更或解除集体合同。

经双方当事人协商同意。

订立集体合同依据的法律、法规已经修改或废止。

因不可抗力的原因致使集体合同部分或全部不能履行。

企业转产、停产、破产、被兼并，致使集体合同无法履行。

工会组织被依法撤销。

双方约定的变更或解除集体合同的情况出现。

其他需要解除集体合同的情况出现。

3.变更及解除集体合同的程序

提出变更和解除集体合同的要求。

双方达成书面协议。签订集体合同的一方就集体合同的变更或解除提出商谈时，另一方应给予答复，并在 7 日内双方进行协商。经协商一致，达成变更或解除集体合同的书面协议。

审议通过变更或解除集体合同的书面协议，由职工代表大会或职工大会审议、通过变更或解除集体合同的书面协议。

提交劳动保障行政部门审议。对原集体合同进行变更或解除后，应在 7 日内向审查原集体合同的劳动保障行政部门提交变更或解除集体合同的书面协议及说明书，履行登记、审查、备案手续。

4.集体合同的终止

集体合同的终止是指因某种法律事实的发生而导致集体合同法律关系消灭。集体合同期限届满或双方约定的终止条件出现，集体合同即行终止。

第三节　劳动争议

一、劳动争议的含义和种类

（一）劳动争议的含义

劳动争议又称劳动纠纷，是指企业与员工之间因劳动权利和劳动义务所发生的纠纷。它是企业与员工因贯彻劳动立法、履行劳动合同、执行劳动规章而发生的纠纷。

（二）劳动争议的种类

根据不同的分类标准，劳动争议有以下几种。

1.既定权利争议与特定权利争议

依据劳动争议的性质，其可分为既定权利争议与特定权利争议。既定权利争议是指劳动关系双方主体及其代表对既定权利和义务的实现和履行产生的争议。也就是说，企业既定权利争议是就有关劳动法规和企业集体合同或劳动合同的执行与否而产生的争议。既定权利争议一般适合于调解、利益仲裁和法律诉讼等手段。特定权利争议是指劳动关系双方主体及其代表在确定彼此的权利和义务关系时产生的分歧和争议。它一般发生在企业集体合同或劳动合同的订立或变更阶段。当企业劳动关系双方主体及其代表在订立或变更企业集体合同或劳动合同时，对彼此权利和义务关系的确定存在不同意见，企业特定权利争议就会产生。在实践中，企业特定权利争议较多地出现在集体谈判陷于僵局或失败之时。特定权利争议适合于双方的协商解决或政府干预的双方协商解决。

2.职工个人劳动争议与集体劳动争议

依据劳动争议的主体，其可分为职工个人劳动争议与集体劳动争议。职工个人劳动争议是指企业个别劳动者与企业管理者之间发生的具有独特内容的劳动争议。该种争议通常具有以下特点：第一，劳动者一方的争议当事人人数未达到集体争议当事人人数的法定要求。比如在我国，劳动者一方的争议当事人人数只限于 1 人或 2 人。第二，争议内容只是关于个别劳动关系、劳动问题的，而不是关于一类劳动关系、劳动问题的，后者主要出现在集体争议当中。第三，对于争议的处理，劳动者一方的争议当事人只能自己参加，而不能由别人代替参加。劳动者一方的争议当事人为 2 人时，其中一人不能当另一人的代表。集体劳动争议是指争议的主体一方职工达到法定人数并具有共同理由的劳动争议。

3.国内劳动争议和涉外劳动争议

依据劳动争议是否具有涉外因素，其可分国内劳动争议和涉外劳动争议。国内劳动争议是指有本国国籍的企业的劳动者与本国企业的管理者之间的劳动争议。在中国，外商投资企业的中外合资经营企业和中外合作经营企业属中国企业。因此，它的管理者与中国员工之间发生的劳动争议属于国内劳动争议。涉外劳动争议是指当事人一方或双方具有外国国籍或无国籍的企业劳动争议。它包括本国企业管理者与外籍员工之间、外籍雇主与本国员工之间，以及外籍雇主与外籍雇员之间的劳动争议。在中国，外商投资企业中的外商独资企业是由外籍雇主独资兴办的，它与中国员工或外籍员工之间发生的劳动争议属于涉外劳动争议。

二、劳动争议的处理方式

（一）劳动争议协商

劳动争议协商指由劳动关系双方采取自治的方法解决纠纷，是由工会代表和雇主代表出面，根据双方集体协议，组成一个争议处理委员会，就工资、工时、劳动条件等职工提出的争议内容，双方相互协商，达成协议，以和平手段解决争议。

劳动争议发生时，由劳动关系当事人进行协商，是妥善解决劳动争议最直接、最有效的方法，因为劳动争议问题正是发生在他们之间。这些问题如果能够得到解决，所得到的都是双方基本满意或可以接受的结果。

（二）劳动争议调解

劳动争议调解是指第三者介入劳动争议，促使当事人达成和解协议。从我国的情况看，一般是企业劳动争议调解委员会对用人单位与劳动者的纠纷，在查明事实、分清是非、明确责任的基础上，依据法律或合同约定，推动双方互相谅解以解决争议。

我国的企业劳动争议调解委员会，是设立在工会下面的一个机构，属于群众调解性的调解组织，由职工代表、企业代表、工会代表三方组成，采取自愿和民主说服的原则，对企业内部的劳动争议进行调解。劳动争议调解委员会的性质有法定性、独立性、群众性和专一性，其优点有及时、易于查询情况、方便当事人参与活动等，而且又容易做思想工作，从而将劳动纠纷消除在萌芽状态中。

调解委员会调解劳动争议的活动，没有严格的程序要求，其过程可以分为受理、调查、调解。受理是在劳动争议发生后，由争议双方或一方提出口头或书面的调解申请。调解则一般包括调解准备、调解开始、调解实施、调解终止几个阶段。

（三）劳动争议仲裁

1.劳动争议仲裁基本内容

仲裁也称公断，是一个公正的第三者对当事人之间的争议作出评断。其特点是专业性较强，又较司法程序简便。它是劳动争议处理程序的中间环节，也是诉讼的前置程序。

劳动争议仲裁机构是国家授权、依法独立处理劳动争议的组织，由劳动行政部门代表、同级工会代表、用人单位代表三方面人员组成，委员会中的人数为单数，实行少数服从多数的原则。

2.劳动争议仲裁程序

向仲裁委员会申请仲裁的案件，必须经过仲裁委员会的调解，调解无效再仲裁。但这种调解和企业劳动争议调解委员会的调解不同，它是由仲裁委员会进行的调解，其调解书有法律效力。若调解成功，则应当根据协议内容制作调解书；调解未达成的，进行裁决，制作裁决书。

劳动争议仲裁采取一次裁决终结制度。当事人对裁决不服的，自收到裁决书之日起15天内，可向人民法院起诉；期满不起诉的，裁决书即发生法律效力。

3.劳动争议仲裁的时效限制

劳动争议仲裁有着时效的限制，《中华人民共和国劳动法》第八十二条规定：

> 提出仲裁要求的一方应当自劳动争议发生之日起六十日内向劳动争议仲裁委员会提出书面申请。仲裁裁决一般应在收到仲裁申请的六十日内作出。对仲裁裁决无异议的，当事人必须履行。

（四）劳动争议诉讼

劳动争议诉讼是人民法院按照民事诉讼法规定的程序，以劳动法规为依据，对劳动争议案件进行审理的活动。

《中华人民共和国劳动争议调解仲裁法》第四十三条的规定：

> 仲裁庭裁决劳动争议案件，应当自劳动争议仲裁委员会受理仲裁申请之日起四十五日内结束。案情复杂需要延期的，经劳动争议仲裁委员会主任批准，可以延期并书面通知当事人，但是延长期限不得超过十五日。逾期未作出仲裁裁决的，当事人可以就该劳动争议事项向人民法院提起诉讼。
>
> 仲裁庭裁决劳动争议案件时，其中一部分事实已经清楚，可以就该部分先行裁决。

《中华人民共和国劳动争议调解仲裁法》第五十条的规定：

> 当事人对本法第四十七条规定以外的其他劳动争议案件的仲裁裁决不服的，可以自收到仲裁裁决书之日起十五日内向人民法院提起诉讼；期满不起诉的，裁决书发生法律效力。

第八章　跨文化人力资源管理

第一节　跨文化人力资源管理的基本内容

一、跨文化人力资源管理的产生

所谓跨文化人力资源管理，是指以提高劳动生产率、工作质量和取得经济效益为目的，对来自异文化背景下的人力资源进行获取、保持、评价、发展和调整等一系列管理的过程。

跨文化是伴随贸易和生产的国际化，特别是伴随跨国组织出现和发展而形成的日趋世界性的文化现象。在多种文化主体共存的经济环境下，不同文化背景的人具有不同的价值取向、不同的思维方式和不同的行为模式，这些人在一起共事，按照各自的文化行事，必然产生文化交流，甚至产生文化摩擦。

跨国公司对来自不同国家、民族、地区或组织的员工与生俱来的文化差异的控制与管理，将在很大程度上决定该公司人力资源产出的效益。

如果把某些在美国非常有效的人力资源管理经验放到一个与美国文化环境差异较大的国家，这些经验可能不再奏效。例如，美国公司非常重视员工个人的绩效评价，因此员工的薪酬经常与其绩效捆绑在一起。可是在日本，企业期望员工个人的愿望和理想服从于一个大的群体。所以，如果将美国强调个人绩效的管理经验放到日本企业中，在很多情况下难以达到预期效果。

二、跨文化人力资源管理的影响因素

（一）语言

语言是不同文化间存在差异的最明显标志，它反映了每种文化的特征、思维过程、价值取向。许多国家一国内使用多种语言，对于在这些国家开展业务的外国企业而言，用同一种语言与当地厂商和顾客交流是比较困难的。

除了书面语言和口头语言，在现实中，人们往往还会通过肢体语言进行沟通，如手势、跺脚、摇头等。

（二）价值观念与行为准则

在一定社会中的人们对工作、时间、合作、变革和风险等的态度对经济活动有着深刻的影响，因而与跨文化人力资源管理关系密切。

（三）教育

如果不了解一个国家或社会的教育水平和教育体系,跨国公司就很难在该国进行有效的管理。如果一个国家或地区的教育水平较高，企业的管理与操作人员在很大概率上可以在当地招聘；如果一个国家或地区的教育水平比较低，企业在很大概率上要对当地工人进行培训，这样才能获得具有较高技能水平的雇员。

（四）法律制度

世界各国都有自己的法律，有些东道国政府还对外国公司中外国人的数量（或比例）进行了一定的限制。这种限制不仅是为了迫使外国公司雇用东道国的国民，还为了促使外国公司对东道国国民进行培训，把当地人提拔到公司较为重要的管理岗位上。由于不同跨国公司的行业特点和战略不同,这类规定对跨国公司的国际职员配备政策通常是一种制约。

三、跨文化人力资源管理的特征

（一）人员结构多元化

人员结构一般分为母国员工、外派员工、本地员工和第三国员工。这些员工来自不同的国家或地区，有不同的文化背景，因此他们的语言使用、行为方式和价值取向等有很大差异。因此，作为一个管理者，要想与不同群体的人进行有效沟通，就必须理解他们的文化背景以及存在的差异，调整自己的沟通方式和技巧，否则就会引起沟通障碍，影响企业的发展。

（二）经营环境的复杂性

跨文化企业的经营环境与其他企业相比有很大差别。一般企业的经营环境比较单纯，企业所属成员不存在文化隔窗和价值观念等方面的差异，也不存在政治、法律制度和风俗习惯的不同，比较容易建立企业文化，也容易在管理、决策和执行方面取得共识。跨文化企业除去社会制度等方面的显著差异，企业成员在管理目标的期望、经营观念、管理协调的原则上，以及管理人员的管理风格上均存在明显的差异。这些差异无形中就会导致企业管理中的混乱和冲突，使决策的执行变得更加困难。即使建立起了新的企业文化，这种差异和困难在一定程度上仍然会继续存在。

（三）文化认同的过程性

跨文化企业中存在着差异较大甚至冲突的文化模式，来自不同文化背景的人无论是心理还是行为都有显著差异，这些差异只有逐渐被人们理解和认识，进而产生关心、认同心理，才能取得共识，建立全新的共同的企业文化。因此，跨文化企业想形成自己的企业文化不是一朝一夕的事，需要一个很长的过程。在这一过程中，所有成员都要了解对方的文化模式，进行文化沟通以消除障碍，接受企业全新的特有的文化。

（四）管理难度增加

在全球市场上，影响人力资源管理的四个最主要的因素是文化、人力资本、政治法律制度和经济制度。这使得人力资源管理决策及政策的制定变得更加复杂。比如：如何招聘到优秀的人才，如何培训和管理外派人员，如何激励具有不同文化背景的员工，如何协调分属不同国家的两家公司的人力资源等。

（五）管理风险加大

劳动关系问题是跨国企业经营的重要问题。由于各国的法律、管理体系、劳动关系的背景都不同，因此，当管理人员所采取的管理方式不为员工所接受时，就有可能导致管理失败。另外，跨国企业还有可能面临组织风险和沟通风险。组织风险是企业在开展国际化业务时，各子市场和分支机构的分散与独特性，使得企业的管理、决策和协调变得复杂而带来的风险。尤其是企业采取多元化经营和市场差异较大时，决策更为困难。沟通风险是管理人员面对不同文化、语言等沟通障碍，引起沟通误会，从而带来沟通失败的风险。

第二节　实施跨文化人力资源管理的策略

对于跨国企业来说，其需要通过文化融合来规避和化解经营管理过程中可能出现的文化冲突，以维系不同文化背景下的行为准则，并据此创造出公司的独特文化。在人力资源跨文化管理方面，可以采取如下策略。

一、认识并协调文化差异

跨文化的认识具有两层基本含义：第一，首先理解自己的文化，这是更好地认识、理解他文化、识别他文化之间差异的基础，以便扬己所长，补己之短。第二，寻找文化之间的"切点"。这就要求管理者在一定程度上摆脱本土文化的约束，站在不同的立场反观自身文化，并从中寻求本土文化和他文化之间的结合点。除此之外，还需要管理者有意识地在企业内建立各种正式的或非正式的、有形的或无形的跨文化传播或沟通渠道。

二、谨慎选择外派管理人员

跨文化管理要求管理人员不但要同不同文化、教育背景以及价值观念的员工打交道，而且还要对付各种政治、经济和法律因素。这些因素属于企业的外部环境因素，对企业管理职能的履行方式有影响。因此，跨国公司经营管理人员需要具备的一个基本素质便是文化意识。文化意识是指跨国公司的经营管理人员对经营所在国的文化传统及其对商务活动影响的认识。根据咨询公司的调查，对于跨国企业来说，一项失败的外派任职的直接损失在 25 万～50 万美元之间。除了在经济上损失之外，还有可能破坏跟东道国之间的关系，丢失业务机会。这就要求从事跨国经营的管理人员应大量学习这个国家的政治、经济、法律和教育等制度。最为根本的是，管理者必须摒弃狭隘主义，不能用个人的眼光来看世界，而应当尊重他国的风俗习惯，尊重异国文化。因此，企业必须采取严格的选择程序，对挑选出的外派员工进行培训，以增强其跨文化工作能力。至于如何选拔跨国公司的管理人员，下节将会具体介绍。

三、实行管理本土化

跨国公司不可避免地会遇到所在国政治、经济、文化等方面的制约，跨国公司在经营中可以采用"本土化战略"，即充分利用当地的资源和市场来壮大自己的实力，并与东道国政府、企业结成战略联盟。在人才使用上，要尽可能地雇佣本地员工，培养他们对公司的忠诚感，还要聘用有能力的当地人员做管理者，这样就可以很好地避免文化冲突。

四、跨文化培训

跨文化培训的主要内容有对文化的认识、文化的敏感性训练、语言学习、跨文化沟通及冲突处理、地区环境模拟等。这类培训的主要目的有以下几个。

①减少驻外经理可能遇到的文化冲突，使之迅速适应当地的环境，发挥正常作用。

②保持企业内信息的畅通及决策过程的效率。

③加强团队协作精神与公司凝聚力。

④促进当地员工对公司经营理念及习惯做法的理解。

⑤维持组织内良好稳定的人际关系。

跨国经营的企业如何进行培训有两种基本的选择：一是通过企业内部的培训部门进行培训；二是利用外部培训机构，如大学、科研机构、咨询公司等进行培训。因为跨文化的培训并不涉及技术或商业秘密，不少企业倾向于后一种选择。

第三节 跨国公司管理人员的
选拔标准与方法

一、管理人员的选拔标准

跨国公司的管理人员应当有充分的适应性和灵活性，不论来自哪个国家，具有什么样的民族和文化背景，都应当被公司的文化同化，从而不具有任何民族文化偏见。一般地说，跨国公司管理人员的选拔标准为以下几种。

（一）业务能力

业务能力是指国外管理人员的业务素质以及与其相关的知识水平。跨国公司的管理人员不仅要有一定的专业背景，能够解决具体的专业问题，还要了解该国地区现有的经济、政治、法律的状况。

在国外任职，管理人员的业务能力非常重要，因为他们在远离总部的异国，在遇到一些技术问题、专业问题时，很难与专家、权威人士进行很好的沟通。在这种情况下，为避免失去稍纵即逝的宝贵的商业机会，跨国公司管理人员需要根据当地的具体情况，独立作出决策，以便用最有利的方式为跨国公司的全球战略目标服务。

（二）管理能力

企业所选择的国外管理人员需要具有全面的管理能力。包括制定既经济又高效的计划的能力；以合理成本组织所有生产要素的能力；唤起和鼓舞人们信心的能力；激励士气的能力；有效的交际能力；控制所有生产要素的能力。此外，他们还应有一定的在公司系统中工作的经历。

除了管理人员个人的管理水平，跨国公司总部还要考虑管理人员对本企业整体文化的了解与认同程度——这一点相当重要。国外管理人员应该能够按照本公司的企业文化，结合东道国的文化特点，协调总部与子公司之间的生产与经营活动，树立跨国公司的总体形象，扩大影响。

（三）动机

所谓动机，即人们从事某一种工作的原动力。有的管理人员内心并不愿到国外工作，还有的管理人员也许只是为了到国外作短期旅游，并不愿在国外长期工作，或者仅是为了一个有利于职位提升的资本，对国外工作及获得国外工作经验本身并不感兴趣。有这类动机的雇员通常很难把他们的全部精力放在国外的工作上，因而不适合到国外任职。跨国公司在挑选外派管理人员时，应选拔那些动机正确的候选人。

（四）适应能力

这里的适应能力是指国外管理人员适应多种文化、经济和政治环境的能力，具有解决存在于不同文化体制下的业务问题的灵活性。这种能力又可以分为客观能力与主观能力。所谓客观能力，是指管理人员是否可以使用当地语言，以及对当地的社会与文化了解的程度。语言是企业管理人员之间沟通的重要工具。跨国公司总部在外派管理人员时应考察该管理人员使用当地语言的能力，或者当地子公司管理人员使用母公司所在国语言的能力。管理人员可以通过学习，进一步了解或改善自己的知识，为更好地适应工作需要做好准备。主观适应能力是指管理人员在新环境面前所表现出来的心理行为特性。

二、管理人员的选拔方法

多数跨国公司遵循"相机抉择"原则，即强调在选拔任职人员时，先进行职位分析、组织分析、文化特征分析。

海外职位的分析，即对急需配备人员的海外职位所应有的工作实绩明确列示，然后据此制定担任该职务者所应有的行为规范，进而明确提出需要何种类型人才，还要制定衡量人员行为的准则。

组织分析主要是指明企业组织的特征，如领导方式、监督管理方式、奖励制度以及组织文化，这些都是影响人员行为的重要因素。

文化特征分析指分析海外企业所处的跨文化背景，指明哪些因素将影响人员的行为，并提出应对方案。

在进行分析后，要安排职位的候选人，即确定海外主管的候选人。企业应按其智能、气质、兴趣、预期报酬和企业目标来分析候选人是否适宜于驻外任务，是否有利于公司。企业应先在不同人才来源中进行预选，选出候选人，再运用一系列的程序进行筛选。需要注意的是，确定候选人工作也是跨国公司在公司内外物色合适对象的过程。

在确定候选人员之后，接下来是选拔工作。常用的选拔方法有三种。

（一）测试

测试是一种有些过时的方法，尤其对高层职位候选人来说，这种方法不适用。现在极少有跨国公司采用能力测试法，其原因在于这种方法缺乏明确的标准，而且心理测试以及人际关系能力测试的价值也饱受质疑。加上使用这种方法的时间与成本较高，故而测试法已不再流行。

（二）晤谈

高层经理同候选人（包括其配偶）作广泛交谈是遴选人员的常用方法，这也是跨国公司人事经理的共识。晤谈的最大作用是能够剔除那些不适合在海外任职的候选人。晤谈内容主要涉及八个方面：动机、健康状况、语言能力、家庭因素、适应能力、机智与首创精神、事业心和财务状况。同候选人及其家属晤谈是目前跨国公司经常使用的方法之一。

（三）评议中心

在选拔国际化经营人才的方法中，评议中心的做法是很有发展前途的，目前不少规模较大的跨国公司都采取这一方法。评议中心包括个人演练与群体演练。个人演练内容包括模拟驻外经理的管理工作，进行谈话或某种表演；群体演练可模拟商业性竞争活动等。

参 考 文 献

[1] 蔡黛沙，袁东兵，高胜寒. 人力资源管理[M]. 北京：国家行政学院出版社. 2019.

[2] 曹飞颖，刘长志，王丁. 人力资源管理[M]. 天津：天津科学技术出版社. 2019.

[3] 陈妙娜，吴婷，陈景阳. 民办高校人力资源管理发展研究与实践[M]. 北京：企业管理出版社，2020.

[4] 阚瑞宏. 现代医院人力资源管理探析[M]. 北京：航空工业出版社，2019.

[5] 李远婷. 从菜鸟到专家：人力资源管理实战笔记[M]. 北京：北京时代华文书局. 2019.

[6] 李志. 公共部门人力资源管理[M]. 重庆：重庆大学出版社. 2018.

[7] 林忠，金延平. 人力资源管理[M]. 5 版. 沈阳：东北财经大学出版社，2018.

[8] 刘钰. 企业人力资源管理应用研究. 北京：中国原子能出版社，2020.

[9] 吕惠明. 人力资源管理[M]. 北京：九州出版社，2019.

[10] 马小平. 高校人力资源管理发展与创新[M]. 长春：吉林出版集团股份有限公司，2018.

[11] 王继华. 人力资源管理与实践应用研究[M]. 西安：西北工业大学出版社，2020.

[12] 王晓艳，刘冰冰，郑园园. 企业人力资源管理理论与实践[M]. 长春：吉林人民出版社，2019.

[13] 奚昕，谢方. 人力资源管理[M]. 2 版. 合肥：安徽大学出版社，2018.

[14] 徐东华. 公共部门人力资源管理[M]. 北京：金城出版社有限公司. 2020.

[15] 徐伟. 人力资源管理工具箱[M]. 3 版. 北京：中国铁道出版社. 2019.

[16] 徐艳辉，全毅文，田芳. 商业环境与人力资源管理[M]. 长春：吉林大学出版社. 2019.

[17] 薛维娜. 医疗机构人力资源管理理论与实践[M]. 延吉：延边大学出版社，2019.

[18] 闫培林. 人力资源管理模式的发展与创新研究[M]. 南昌：江西高校出版社. 2019.

[19] 杨丽君，陈佳. 人力资源管理实践教程[M]. 北京：北京理工大学出版社. 2020.

[20] 杨妮娜. 吉林省人力资源服务体系建设研究. 长春：吉林人民出版社，2018.

[21] 杨阳. EXCEL 人力资源管理[M]. 天津：天津科学技术出版社. 2018.

[22] 叶云霞. 高校人力资源管理与服务研究[M]. 长春：吉林大学出版社. 2020.

[23] 游富相. 酒店人力资源管理[M]. 2 版. 杭州：浙江大学出版社. 2018.

[24] 张同全. 人力资源管理[M]. 沈阳：东北财经大学出版社. 2018.

[25] 赵继新，魏秀丽，郑强国. 人力资源管理：有效提升直线经理管理能力[M]. 北京：北京交通大学出版社. 2020.

[26] 周艳丽，谢启，丁功慈. 企业管理与人力资源战略研究[M]. 长春：吉林人民出版社，2019.